Tim Desmond

SHIT HAPPENS

ANLEITUNG ZUM MENSCHSEIN IN EINER BESCHISSENEN WELT

Aus dem Englischen
von Judith Elze

Die amerikanische Originalausgabe erschien 2019 unter dem Titel
»How to stay human in a fucked-up world« bei HarperOne,
an imprint of HarperCollinsPublisher, New York.

Besuchen Sie uns im Internet:
www.knaur-balance.de

© 2019 Tim Desmond
Für die deutschsprachige Ausgabe: © 2020 Knaur Verlag
Ein Imprint der Verlagsgruppe
Droemer Knaur GmbH & Co. KG, München.
Alle Rechte vorbehalten. Das Werk darf – auch teilweise – nur mit
Genehmigung des Verlags wiedergegeben werden.
Redaktion: Marisa Balz
Zitatnachweis: S. 13 Coates, Ta-Nehisi, Zwischen mir und der Welt,
übers. v. Mandelkow, Miriam, Hanser Berlin, Berlin 2016, S. 109, mit freundlicher
Genehmigung von Hanser Berlin in der Carl Hanser Verlag GmbH & Co. KG;
S. 23 CAT'S CRADLE by Kurt Vonnegut. Copyright © 1963, Kurt Vonnegut, Jr.
Copyright renewed 1991 by Kurt Vonnegut, Jr., used by permission of
The Wylie Agency (UK) Limited; S. 55 Ginsberg, Allen, Gedichte, Carl Hanser
Verlag, München 1999, S. 41, mit freundlicher Genehmigung von Carl Hanser
Verlag GmbH & Co. KG; S. 67 Rainer Maria Rilke Briefe an einen jungen Dichter
Mit den Briefen von Franz Xaver Kappus Hg. und mit Kommentar und Nachwort
von Erich Unglaub © Wallstein Verlag, Göttingen 2019; S. 105 TIMEQUAKE by
Kurt Vonnegut. Copyright © Kurt Vonnegut, 1997, used by permission of
The Wylie Agency (UK) Limited; S. 151 Nietzsche, Friedrich, Ecce homo, Aus dem
Projekt Gutenberg-DE »projekt.gutenberg.de«; S. 158 Shunryu Suzuki – Zen-Geist
Anfänger-Geist, © Theseus in Kamphausen Media GmbH, Limitierte Sonder-
ausgabe, Bielefeld, 2016; S. 179 Pico Iyer, Die Kunst des Innehaltens. Ein Plädoyer
für Entschleunigung. Aus dem Englischen von Irmengrad Gabler. © S. Fischer
Verlag GmbH, Frankfurt am Main 2016
Covergestaltung: Isabella Materne
Satz: Adobe InDesign im Verlag
Druck und Bindung: GGP Media GmbH, Pößneck
ISBN 978-3-426-67587-8

2 4 5 3 1

Dieses Buch ist denen gewidmet, die sich so um das Wohl der Welt kümmern, dass es sie förmlich umbringt.

INHALT

EINLEITUNG   9

KAPITEL 1
VERZWEIFLUNG IST NICHT ALLES   13

KAPITEL 2
SCHÖNHEIT IM LEBEN FINDEN   23

KAPITEL 3
DIE KUNST, UNGLÜCKLICH ZU SEIN   33

KAPITEL 4
ERKENNE DICH SELBST   55

KAPITEL 5
**WIE BLEIBT MAN MENSCHLICH,
WENN LEUTE EINEN SO RICHTIG NERVEN**   67

KAPITEL 6
WARUM PASSIEREN SCHLIMME DINGE?   89

KAPITEL 7
DIE KUNST, NICHT DA ZU SEIN   105

KAPITEL 8
ALTEN SCHMERZ HEILEN 119

KAPITEL 9
DU BIST NICHT VERRÜCKT 135

KAPITEL 10
FURCHTLOS WERDEN 151

KAPITEL 11
**GEMEINSCHAFT ALS ZUFLUCHT,
GEMEINSCHAFT ALS WAFFE** 167

KAPITEL 12
DEINE 10 000 STUNDEN 179

NACHWORT 199
DANK 201
ÜBER DEN AUTOR 203

EINLEITUNG

Ein paar Freunde und ich saßen in San Francisco zusammen im Knast. Wir befanden uns in einer Gefängniszelle Downtown und versorgten unsere kleinen Wunden, aber niemand hatte ernsthafte Verletzungen. Schon früher war es oft vorgekommen, dass man uns bei Protestaktionen verhaftet hatte, und wir wussten, dass es ein paar Stunden dauern würde, bevor man uns wieder freilassen würde. Zu der Zeit studierte ich Psychologie an der Uni und war ziemlich stolz, dass ich noch nicht aus meiner Rebellionsphase »herausgewachsen« war (was übrigens auch jetzt noch nicht der Fall ist).

Wir vertrieben uns die Zeit, indem wir uns darüber unterhielten, ob die Welt dabei war, besser oder schlechter zu werden. Mein Freund Erik fand, dass die Welt heute besser wäre. Er sagte, wenn du an die Welt um 1850 denkst, mit der Sklaverei, dem Kolonialismus, dem Genozid an den Indianern und der Unterdrückung der Frauen, dann muss die Gegenwart besser sein. Das leuchtete mir ein.

Stephen, ein anderer Freund, dagegen fand, dass die Welt gerade dabei war, schlimmer zu werden. Er wies darauf hin, wie viel Reichtum und Macht sich auf immer weniger Menschen konzentrieren, und fragte, wie es denn sein kann, dass die Welt besser wird, wenn der Planet in hundert Jahren vermutlich nicht mehr bewohnbar sein wird. Ebenfalls ein gutes Argument.

Sie warfen sich weiter die Bälle zu, während ich vor allem zuhörte. Ich hatte genau diese Diskussion schon oft fasziniert verfolgt. Ich konnte beiden Standpunkten etwas abgewinnen und fragte mich, ob vielleicht beide recht hatten. Konnte die Welt besser *und* schlechter zugleich werden?

Außerdem war ich mir nicht sicher, ob sich meine Einstellung ändern würde, wenn ich mich doch für eine der beiden Seiten entschied. Hätte ich das Gefühl, dass alle unsere Bemühungen zum Scheitern verurteilt wären, wenn ich davon ausging, dass die Welt schlechter wird? Oder würde mir auf der anderen Seite unsere ganze Arbeit egal sein und unnötig vorkommen, wenn ich glaubte, dass die Welt besser wird?

Erst einen Monat zuvor war ich auf einem Retreat bei dem Zen-Meister Thich Nhat Hanh gewesen, wo er über die buddhistische Vorstellung von dem Mittel zum Zweck gesprochen hatte – darüber, dass manchmal das Wichtigste an einem Glaubenssystem darin besteht, wie es dich beeinflusst. Welche Weltsicht würde mich zu einem besseren Menschen machen? Was würde mich motivieren, damit ich mich weiter für den Wandel engagieren würde?

Nach gründlichem Überlegen kam ich zu dem Schluss, dass es bei jeder Sichtweise für beides Gründe geben würde: aufzugeben oder weiterzumachen. Vielleicht entwickeln die Menschen ein höheres Bewusstsein, vielleicht haben wir aber auch, seit wir keine Jäger und Sammler mehr sind, alles kaputt gemacht, sobald wir es auch nur angefasst haben. Vielleicht beides oder keines von beidem. Am Ende würde es an dem, was ich mit meinem Leben anfangen will, nichts ändern.

Es gibt entsetzlich viel Leid auf unserer Welt. Ich kann mir in meinem Leben nichts Schöneres vorstellen, als zu versuchen, diese Welt zu einem besseren Ort zu machen. Diese Motivation ist schon immer meine treibende Kraft gewesen. Sie hat mich weltweit in buddhistische Klöster geführt, soziale Bewegungen organisieren, gemeinnützige Organisationen gründen und nicht zuletzt ein Start-up für psychische Gesundheit bei Google leiten lassen. Mit diesem Buch hoffe ich, dir etwas von dem vermitteln zu können, was ich gelernt habe, damit es dir in unserer wunderbaren, abgefuckten Welt von Nutzen sein kann.

KAPITEL 1

VERZWEIFLUNG IST NICHT ALLES

Ich will nicht, dass du in deinen eigenen Traum hinabsteigst.
Ich will, dass du ein bewusster Bürger
dieser schrecklichen, wunderschönen Welt bist.
TA-NEHISI COATES

Am 14. November 2016, nur sechs Tage nach Donald Trumps Wahlsieg, wachte meine Frau Annie mitten in der Nacht mit unerträglichen Schmerzen auf. Eine Untersuchung in der Notaufnahme zeigte, dass sich der Krebs, gegen den sie schon über ein Jahr ankämpfte, auf den Bauchraum ausgeweitet hatte und ein Tumor ihre linke Niere blockierte. Als sie viele Stunden später aus dem OP kam, hatte sie einen Plastikkatheter an der Seite, durch den der Urin in einen Beutel abgeleitet wurde. Mir wurde mitgeteilt, dass sie den Katheter vermutlich bis an ihr Lebensende behalten würde. Als unser dreijähriger Sohn sie besuchen kam, musste ich ihm beibringen, Mamis Plastikröhre nicht anzufassen.

In dem Augenblick hörte ich die Verzweiflung – lauthals – nach mir rufen. Sie sagte: »Dein Leben ist im Arsch. Aus und vorbei. Jetzt kannst du dich nur noch in eine Ecke verkriechen.«

Da fiel mir eine Geschichte ein, die der vietnamesische buddhistische Mönch und Friedensaktivist Thich Nhat Hanh in den 20 Jahren, die ich bei ihm gelernt habe, unzählige Male erzählt hat. Die Geschichte handelt von einer Bananenstaude und geht so: Thich Nhat Hanh meditierte eines Tages im vietnamesischen Urwald, als er eine junge Bananenstaude sah, die nur aus drei Blättern bestand. Das erste Blatt war ausgewachsen, breit, flach und dunkelgrün. Das zweite, unter dem ersten, war teilweise noch eingerollt, und das dritte, ganz hellgrün und zart, fing gerade erst an, sich aufzurollen.

Der Vietnamkrieg war in vollem Gange, und Thich Nhat

16 Kapitel 1

Hanh leitete eine riesige Organisation, bestehend aus jungen Leuten, die dabei halfen, durch Bomben und Napalm zerstörte Dörfer wieder aufzubauen. Er hatte fast jeden Tag mit Dorfbewohnern verbracht, deren Leben vom Krieg zerstört worden war, und den Tod einiger seiner engsten Freunde miterlebt. Die wichtigste Frage, die er sich zu diesem Zeitpunkt in seinem Leben stellte, war, wie er den intensiven Ruf, leidenden Menschen Beistand zu leisten, mit seiner Achtsamkeitspraxis verbinden sollte. Er wusste, dass er diese Praxis brauchte, um nicht der Verzweiflung anheimzufallen. Aber wie konnte er es für sich rechtfertigen, Frieden und Freude zu kultivieren, während so viele Menschen starben?

Mit diesem Gedanken im Kopf betrachtete er die junge Bananenstaude, als ihn eine tiefe Einsicht überkam. Ihm fiel auf, dass das älteste Bananenblatt sein Leben als Blatt voll und ganz genoss. Es absorbierte Sonne und Regen, strahlte Schönheit und Friedlichkeit aus. Doch hatte es die anderen Blätter nicht im Stich gelassen, um sich dem eigenen Glück zu widmen. Vielmehr versorgte es, während es sich im Sonnenschein wärmte und selbst nährte, zugleich auch die jüngeren Blätter, die Staude und den gesamten Urwald. Thich Nhat Hanh erkannte, dass Menschen nicht anders sind. Wenn wir uns selbst mit Friedlichkeit und Freude nähren, fördern wir zugleich das Wohlbefinden aller Menschen in unserem Leben.

Während ich dort im Krankenhaus meine Frau und meinen Sohn betrachtete, konnte ich nicht umhin zu sehen, wie sehr sie mich brauchten. Nicht, dass ich irgendwas Bestimmtes hätte tun müssen. Sie brauchten mich in ihrer Nähe, sie brauchten das Gefühl, nicht allein zu sein. Ich konnte ihnen dabei helfen zu verstehen, dass das Leben noch immer einen Sinn hatte. Wenn ich es schaffte, den Kontakt zu dem, was schön ist und Freude macht im Leben, nicht zu verlieren – wenn ich mich mit etwas Tieferem in mir als der Verzweiflung verbinden konnte –, dann würde ich den Menschen, die ich am meisten liebte, etwas zu bieten haben.

ETWAS TIEFERES ALS DIE VERZWEIFLUNG

Sieht man sich heute um, kann man sich kaum dem Rückschluss entziehen, dass unsere Welt ganz schön abgefuckt ist. Sicher, es gibt da auch viel Schönes, aber allein die Masse an Gewalt, Gier, Hass und blanker Dummheit kann einen, wenn man die Augen nicht verschließt und sich aktiv einsetzen will, schon verzweifeln lassen.

Erschreckend ist für mich, was engagierten Leuten passiert, wenn sie keinen Abstand mehr dazu gewinnen können. Wir schauen hin und fühlen uns verantwortlich, und wir weigern uns, an irgendwelchen Privilegien festzuhalten. Aber wir leiden so massiv, dass es uns vergiftet, bis wir unsere Menschlichkeit verlieren. Entweder überfällt uns die Verzweiflung, oder wir werden verbittert selbstgerecht.

Toxic righteousness, auf Deutsch *verbitterte Selbstgerechtigkeit,* ist ein Begriff, den die Autorin und Aktivistin Starhawk erfunden hat, um die wutgeladene Selbstsicherheit zu beschreiben, die unseren politischen Diskurs durchzieht. Verbitterte Selbstgerechtigkeit bezeichnet den Zustand kurz vor der Verzweiflung, in dem wir gerade noch genug Kraft aufbringen und um uns schlagen, statt aufzugeben. In diesem Zustand sind wir nicht mehr in der Lage zuzuhören und sehen meistens auch nicht mehr ein, warum wir das sollten, denn unsere Gegner sind ja ohnehin Unmenschen. Wenn dann jemand versucht, uns zu vermitteln, dass Giftsprühen und Entrüstung nicht hilfreich sind, gehen wir voll in die Defensive. Aufgeben scheint uns die einzige Alternative.

Angesichts der Herausforderung, in einer derart abgefuckten Welt menschlich zu bleiben, läuft alles darauf hinaus, wie wir auf das Ausmaß an Leid reagieren, das uns von allen Seiten nur so anschreit. Egal, ob ich an meinen persönlichen Umständen leide oder an denen der Menschen, die ich liebe, oder ob mir die Verhältnisse Kummer bereiten, die in der Welt herrschen (meistens treffen alle drei zu) – ich muss einen Weg finden, mit meinem Mitleid umzugehen, damit ich nicht darin versinke. Schaffe ich das nicht, dann verzweifle ich, gerate in den Strudel verbitterter Selbstgerechtigkeit oder finde (als schlimmste Variante) irgendeine kleine privilegierte Nische, in die ich mich verkrieche, um mich nicht weiter kümmern zu müssen.

Das Wissen, dass das Leid in der Welt mich zu jemandem machen kann, der ich nicht sein will, motiviert mich umso mehr herauszufinden, wie ich mir meine Menschlichkeit bewahren kann. Ich will nicht, dass mir alles egal ist, und ebenso wenig will ich mich in Wut und Bitterkeit verlieren. Ich möchte präsent bleiben und als Kraft zum Guten wirken. Ich möchte zu Thich Nhat Hanhs Bananenblatt werden und genug Freude und Frieden in mir haben, um mir und anderen zu nützen. Ich weigere mich, mir von allem, was mies ist auf der Welt, meine Menschlichkeit nehmen zu lassen.

VON HIER NACH DORT

Wie werde ich zu so jemandem? Wie stärke ich diese Kraft in mir? Was kann ich machen, wenn mir das nicht leichtfällt? Was ist, wenn ich wirklich mit Wut, Verzweiflung und damit zu kämpfen habe, dass ich am liebsten dicht machen würde? Kann ich mich ändern?

Ich behaupte mal, dass ich mit ziemlicher Sicherheit

wesentlich kaputter war als du, als ich mit 19 am College der Achtsamkeits- und Mitgefühlspraxis zum ersten Mal begegnete. Ich wuchs mittellos und mit einer alkoholkranken, alleinerziehenden Mutter in Boston auf. Ich wurde permanent gemobbt, war als Teenager obdachlos und habe meinen Vater nie kennengelernt. Als ich aufs College kam, war ich wütend und einsam und verfügte über so gut wie keine sozialen Kompetenzen.

Als mein Professor für Politikwissenschaft das Buch *Ich pflanze ein Lächeln* von Thich Nhat Hanh auf die Leseliste setzte, änderte sich alles. Ich erkannte sofort, dass Achtsamkeit und Mitgefühl genau das waren, was in meinem Leben fehlte. Also stürzte ich mich – wie Neunzehnjährige das manchmal so machen – Hals über Kopf in das Thema rein, verbrachte oft mehrere Monate im Jahr im Retreat bei Thich Nhat Hanh und folgte ihm, egal, wohin er fuhr.

Durch die Praxis und die Lehre habe ich gelernt, mehr Freude und Freiheit zuzulassen, als ich es je für möglich gehalten hätte. Ich war bis oben hin voll mit Schmerz und selbstzerstörerischer Kraft und lebe heute echte Intimität und Harmonie. Und wenn ich mich so verändern konnte, dann kann das jeder.

NICHTS PASSIERT VON SELBST (BIS ES WIRKLICHKEIT IST)

Andererseits ist es nicht leicht, sich zu ändern, und von selbst passiert das schon mal gar nicht. Wir brauchen Ideen, die uns inspirieren, und Übungen, die einen tieferen Sinn für uns ergeben. Wir müssen uns wirklich darauf einlassen und zulassen, dass beides unsere Weltsicht verändert. Außerdem müssen wir beides in die Praxis umsetzen und schauen, wie es unser Leben beeinflusst. Und schließlich müssen wir uns, wenn sich eine Weisheit oder bestimmte Übungen wirklich als hilfreich für uns erweisen, bewusst dem praktischen Training widmen. Je mehr Zeit wir investieren, je mehr wir uns bemühen, umso größere Veränderungen können wir auch erzielen.

Und dann passiert was ganz Magisches. Die Übungen und Ideen, mit denen wir uns bisher so abgemüht haben, fühlen sich plötzlich wie eine zweite Haut an. Es ist, wie wenn du fleißig Französisch lernst und dann, ganz plötzlich, merkst, dass du es fließend sprichst und dich mit einem Mal ganz leicht auf Französisch unterhalten kannst. In der Achtsamkeitspraxis merken wir auf die gleiche Weise, wie in einer Situation, die uns in der Vergangenheit wütend gemacht hätte, plötzlich ein mitfühlender Gedanke in uns aufsteigt. Das ist das Ergebnis unseres Einsatzes. Unsere Mühe führt in die Mühelosigkeit.

WENN WÖRTER VERKÜMMERN

Wir können dem Leid in der Welt unsere Aufmerksamkeit und Fürsorge schenken, ohne uns davon vergiften zu lassen. Wir können eine Geistesqualität entwickeln, die uns erlaubt, angesichts von Leid eine Präsenz beizubehalten, ohne die Freude daran zu verlieren, dass wir am Leben sind. Wir können akzeptieren, dass Schmerz unvermeidbar zum Leben dazugehört, ohne deshalb herzlos oder gleichgültig zu werden. Stattdessen reagieren wir mit radikaler Akzeptanz und der Bereitschaft, alles zu tun, was uns möglich ist, um das Leiden zu lindern.

Mein Lehrer Thich Nhat Hanh beschreibt diese Lebenseinstellung mit dem Wort *Achtsamkeit*. Ich mag das Wort nicht besonders. Es gibt zu viele Leute, die damit etwas ganz anderes verbinden als Thich Nhat Hanh. Sie meinen, Achtsamkeit hätte nur etwas mit tiefen Atemzügen zu tun: Du sitzt auf dem Boden auf einem Kissen oder betrachtest deine Gedanken und Gefühle mit Desinteresse wie eine langweilige Fernsehshow.

Thich Nhat Hanh beschreibt dagegen mit dem Wort *Achtsamkeit* eine Lebenseinstellung (und zwar vor allem die Einstellung zum Leid in der Welt), die Mitgefühl, Freude, Gelassenheit und Weisheit beinhaltet. Eben diese Qualität erlaubt es uns, auch in beschissenen Situationen Mensch zu bleiben – offen, fürsorglich und in der Lage, sich mit anderen zu verbinden.

Wörter können verkümmern und ihre Bedeutung verlieren. Wenn das passiert, können wir so ein Wort entweder ablegen oder versuchen, es wiederzubeleben. Bislang (zumindest bis heute) bin ich noch nicht bereit, das Wort *Achtsamkeit* aufzugeben, aber bitte denke dran, dass ich es mit diesem tieferen Sinn verwende.

Egal, wie du es benennen willst – die Fähigkeit zum Menschsein in einer beschissenen Welt ist heutzutage Mangelware. Das heißt, wir brauchen sie dringend. Deshalb lautet die nächste Frage: Wie können wir diese Fähigkeit in uns entwickeln? Wie können wir darin besser werden?

Ich habe mein ganzes Leben mit der Suche nach einer Antwort verbracht und glaube inzwischen, dass wir uns mithilfe einer Reihe von spezifischen Methoden darin üben können. Vorliegendes Buch soll dir helfen, das Know-how zu entwickeln, das du brauchst, um ganz Mensch zu bleiben: achtsam, wirklich fürsorglich und verbunden – auch in den beschissensten Situationen. Zuerst wirst du etwas über jede einzelne Methode erfahren. Als Nächstes suchst du dir einen Weg, wie du sie auf nutzbringende Weise einsetzen kannst. Und dann übst du so lange, bis es sich natürlich anfühlt.

KAPITEL 2

SCHÖNHEIT IM LEBEN FINDEN

So dumm und bösartig die Menschen sein mögen,
heute ist ein schöner Tag.
KURT VONNEGUT

Wenn das Leben gerade beschissen ist, glauben wir schnell, dass es gar nichts Gutes gibt – oder falls doch, zählt es jedenfalls nicht. Fokussierst du dich aber nur auf das, was nicht gelingt, macht es dich unweigerlich fertig und du gehst unter. Um angesichts von Leid präsent bleiben zu können, brauchen wir einen Antrieb, und zwar die Erfahrung von Freude.

Zu viele Leute fokussieren sich ausschließlich auf das, was schiefläuft – in ihrem Leben und auf der ganzen Welt. Und am Ende sind sie zu erschöpft, um irgendwas daran zu ändern. Es gibt eine subtile Kunst, mit der du lernen kannst, das Leid wahrzunehmen, ohne darin unterzugehen. Ein Großteil dieses Buches wird sich damit befassen, wie wir uns dem Leid direkt stellen können. Als Erstes müssen wir aber lernen, das Schöne am Leben zu erkennen. Sonst kommt es uns schnell so vor, als gäbe es nichts als Leid auf der Welt, und das erdrückt uns. Es geht nicht darum, »alles durch die rosa Brille zu sehen« oder echten Schmerz oder Unrecht zu leugnen. Ganz im Gegenteil. Es geht darum zu üben, ganz Mensch zu sein.

Es gibt eigentlich in jedem Augenblick des Lebens unzählige Gründe, zu leiden, und unzählige Gründe, glücklich zu sein. Unsere Erfahrungen hängen weitgehend davon ab, worauf wir unsere Aufmerksamkeit richten. Stell dir zum Beispiel vor, du nimmst dir ein paar Minuten Zeit und zählst alles auf, worüber du dich jetzt, in diesem Moment, aufregen *könntest*. Die Liste wäre endlos lang. Und jetzt stell dir vor, du nimmst dir dieselbe Zeit und zählst auf, worüber du in diesem Augenblick glücklich sein *könntest:* zum Beispiel über den Himmel bei Sonnenuntergang, das Rauschen des Regens oder die Augen eines Neugeborenen, wenn es dich anschaut. Auch das wäre eine ganz schön lange Liste.

Die meisten von uns glauben, dass es unmöglich ist, glücklich zu sein, solange sich nicht alles erledigt hat, was uns Grund gibt zu leiden. Dabei wissen wir, dass das nie der Fall sein wird. Es wird immer Gründe geben – Kleinigkeiten wie die Ziele, die wir nie erreicht haben, oder Leute, die uns nicht verstehen, und äußere Umstände wie Krieg, Armut, Unterdrückung und Klimawandel.

Diese Leidensursachen sind da, aber sie sind nicht das Einzige, was da ist. Damit wir Freude erfahren können, müssen wir in der Lage sein, auf das zu achten, was in diesem Augenblick schön ist im Leben. Das heißt nicht, dass wir unsere persönlichen Sorgen und die Weltprobleme verleugnen. Nein, es geht darum, dass wir erkennen, wie tragisch es wäre, durch das Leben zu gehen, ohne die Schönheit und die Wunder in unserem Leben wahrzunehmen. Wenn wir unser Glück zurückstellen, bis das Leid verschwindet, werden wir nie glücklich sein. Wenn wir uns nicht mit glücklichen Momenten nähren, werden wir nicht die Energie aufbringen können, die Welt zu einem besseren Ort zu machen.

Wir können lernen, das Schöne im Leben wahrzunehmen, indem wir uns darin trainieren zu entscheiden, worauf wir unsere Aufmerksamkeit richten, statt uns im Kopf von Sorgen und Vorurteilen überrollen zu lassen. Das erfordert Hingabe, aber wenn du es richtig machst, kann es sich ziemlich gut anfühlen. Wir können die Form der Wolken, das Gefühl einer kühlen Brise auf der Haut oder die Nähe eines Menschen, den wir lieben, genießen.

FREU DICH, WENN DU
KEINE ZAHNSCHMERZEN HAST

Während wir uns darin üben zu erkennen, was im Leben schön ist, bemerken wir auch all das, was *nicht falsch ist.* Wenn wir zum Beispiel Zahnschmerzen haben, liegt es auf der Hand, dass keine Zahnschmerzen uns glücklicher machen würden. Sobald die Zahnschmerzen aber weg sind, vergessen wir, was für ein Glück wir haben. Nimm dir einen Moment und schau, ob du dich nicht jetzt, in diesem Augenblick, *freuen* kannst, dass du keine Zahnschmerzen hast. Fühlen sich deine Zähne gut an, versuch dir zu sagen: »Wenn mir ein Zahn wehtun würde, würde ich mir jetzt genau das wünschen. Ich würde glauben, dass ich ja so glücklich wäre, wenn bloß mein Zahn nicht wehtun würde.« Experimentiere mit dieser Einstellung und schau, was sie mit dir macht.

Du bist keineswegs naiv oder einfältig, wenn du so denkst. In Wahrheit ist diese Einstellung viel rationaler, als wenn wir uns ausschließlich und so lange auf die Probleme im Leben konzentrieren, bis wir gestresst und gereizt sind. Das Leben könnte immerzu auf viele Weisen ein kleines bisschen besser sein und genauso auf unzählige Weisen schlechter. Die meisten von uns fokussieren sich aus Gewohnheit auf das, was sie an ihrem Leben stört oder was sie gern ändern würden. Da diese Sichtweise viel Schaden anrichten kann, ist es sinnvoll, eine Einstellung zu entwickeln, die uns in ein besseres Gleichgewicht bringt. Wir können die bewusste Entscheidung treffen, das Glück, das sich uns jetzt bietet, nicht zu verweigern.

ÜBUNG

- Leg das Buch beiseite und nimm dir ein bisschen Zeit, um dir die Umstände in deinem Leben bewusst zu machen, die dich *in diesem Augenblick* glücklich machen.
- Du kannst dir die Punkte aufschreiben oder sie einfach nur in Gedanken durchspielen.
- Falls du dich ablenkst oder Widerstände gegen die Übung verspürst, versuch dir zu sagen: »Mein Verstand meint, andere Gedanken wären auch wichtig, und das stimmt. Trotzdem gebe ich mir die Erlaubnis, nur für diese eine Minute an das zu denken, was schön ist in meinem Leben. Alles andere kann warten.«
- Nimm wahr, wie du dich fühlst.
- Mach die Übung ruhig mehrmals täglich, wenn sie sich gut für dich anfühlt. Je mehr du übst, desto schneller wirst du feststellen, dass sich dein Leben verändert.

SCHÖNHEIT AUCH IN DEN SCHWEREN MOMENTEN

Wie ich anfangs erwähnt habe, wird meine Frau Annie derzeit mit Darmkrebs im Stadium IV behandelt. Die Diagnose bekam sie 2015, kurz nach dem zweiten Geburtstag unseres Sohnes. Seit damals hat sie zahlreiche Operationen, Chemotherapien und Rezidive gehabt, und wir sind Dutzende Male spätabends in die Notaufnahme gefahren.

Mit am schwersten fiel mir dabei immer das Warten auf die Ergebnisse der Scans. Es macht mir nichts aus, im Eingangsbereich zu warten, aber sitzen wir erst einmal im Arztzimmer, warten wir dort oft 20 Minuten oder länger, bis der Doktor kommt. Und das ist reine Tortur. Ich weiß, dass er jederzeit mit Nachrichten hereinkommen könnte, die alles verändern. Ich klammere mich an jeden Schritt, den ich vom Korridor her höre.

Annie und ich halten uns dabei immer an der Hand. Ich achte sehr genau auf meine Gedanken und gebe mein Bestes, um mich von den Geschichten, die mir im Kopf herumschwirren, nicht überrollen zu lassen. Ich möchte präsent bleiben, damit ich Annie unterstützen kann.

Als wir vor ein paar Wochen im Arztzimmer auf Scan-Ergebnisse warteten, merkte ich plötzlich, wie ein heftiger Gedanke in mir hochkam. Er sagte einfach nur: »Nein. Nein, ich will das hier nicht. Nein, ich weigere mich, das zu akzeptieren.« Jeder Teil von mir lehnte sich gegen die Wirklichkeit auf, in der ich mich befand, als könnte ich sie durch blanke Willenskraft verändern. Ich wollte für Annie stark sein, aber ich war in meinem Schmerz gefangen.

Dank meines langjährigen Trainings fand ich zurück in meine Achtsamkeitspraxis. Ich schloss die Augen und konzentrierte mich voll und ganz auf diesen in mir tobenden Gefühlssturm. Ich gab mir die Erlaubnis zu spüren, was ich spürte, und offen dafür zu sein.

Nach ein paar Minuten kam mir der Gedanke, dass ich mich fragen könnte, warum ich diese Erfahrung so sehr hasste. Die Antwort kam sofort: »Weil ich meine Frau liebe und nicht will, dass sie stirbt.« Klare Sache, oder? Auf der Stelle fühlten sich Kopf und Körper ein bisschen geerdeter an. Das war gleichzeitig eine Offenbarung für mich. Ich sah Annie an und spürte ihre Hand in meiner. Ich verstand, dass es mich so schmerzt, weil ich sie nicht verlieren will, weil sie mir so viel bedeutet. Dabei war sie in genau diesem Moment da, lebendig und hier bei mir. Warum trauerte ich dann? Ich war so in meinem Schmerz verloren, dass ich dieses reale Zusammensein nicht feiern konnte. Aus dieser neuen Perspektive war das die reinste Zeitverschwendung.

Um zu verdeutlichen, wie uns unsere besten Absichten in die Irre leiten können, wenn wir unbewusst handeln, benutze ich während meines Achtsamkeitsunterrichts gern folgendes Beispiel: Ich bitte die Leute, sich einen Mann vorzustellen, dem in dichtem Verkehr der Weg abgeschnitten wird. Er hängt den Kopf aus dem Fenster, ruft wilde Beschimpfungen und wirft womöglich sogar eine Plastikwasserflasche nach dem anderen Auto. Könnten wir diesen Moment anhalten und den Mann fragen, warum er das macht, würde er vielleicht sagen: »Weil mir dieser Idiot den Weg abgeschnitten hat!« Jetzt könnten wir nachhaken und fragen, warum ihn das so sehr aufregt. Worauf er vielleicht antworten würde: »Weil das wirklich gefährlich und respektlos war.« – »Oh«, würden wir sagen, »Sie wollen nicht gefährdet und respektiert werden?« Und er: »Natürlich.« Er versuchte sich also Sicherheit und Respekt zu verschaffen, indem er aus dem Autofenster schrie und Sachen herauswarf?

In diesem Augenblick mit meiner Frau fühlte ich mich ebenso irregeleitet wie der Mann in dieser Geschichte. Hier waren wir, lebendig und zusammen. Die Intensität meiner Gefühle hatte ausschließlich damit zu tun, wie lieb sie mir ist. Das einzig Logische war es doch jetzt, unser Zusammensein in dieser Sekunde zu feiern. Mir stiegen Freudentränen in die Augen. In diesem Moment waren wir am Leben, das einzig Sinnvolle war es, dankbar zu sein.

Als der Arzt endlich da war, brachte er uns gute Nachrichten. Der Scan zeigte keine Verschlimmerung von Annies Krankheit. Trotzdem haben wir schon genügend gute und schlechte Scans erlebt, um zu wissen, dass wir das Schlimmste noch lange nicht überstanden haben. In einigen Monaten werden wir wieder im selben Raum sitzen und nicht vorhersehen können, was uns der Doktor sagen wird. Aber das gehört in die Zukunft. Hier und jetzt sind wir am Leben, und ich weigere mich, auch nur eine Minute unserer kostbaren Zeit zu verschwenden. Diese Erfahrung lehrt uns, jeden Augenblick im Leben zu genießen – und zwar hier und jetzt.

KAPITEL 3

DIE KUNST, UNGLÜCKLICH ZU SEIN

Das Heilmittel für Schmerz liegt im Schmerz.
RUMI

Am 13. Oktober 2011 teilte der Bürgermeister von New York Michael Bloomberg den Demonstranten von Occupy Wall Street mit, sie würden am folgenden Tag zwangsgeräumt, weil der Zuccotti Park mit Hochdruckreinigern gereinigt werden sollte. Die meisten Aktivisten hielten das nur für einen Vorwand, um den Park zu räumen und den Demonstrationen ein Ende zu bereiten. In der Fernsehshow *Saturday Night Live* wurde gewitzelt, wer schon länger in New York City lebte, hätte nicht oft die Gelegenheit, Hochdruckreiniger in öffentlichen Parks zu erleben.

Am selben Abend mieteten Hunderte von Aktivisten Industrierereinigungsgeräte und schrubbten den Park, während die Organisatoren diskutierten, wie sich eine Zwangsräumung vermeiden lassen könnte. Sie schickten einen Aufruf heraus, und am nächsten Morgen kamen mehr Leute denn je in den Zuccotti Park.

Ich wurde gefragt, ob ich zusammen mit Nicole Carty, ebenfalls eine führende Organisatorin der Demonstrationen, die Generalversammlung am Morgen des 14. Oktober organisieren würde. An diesem Morgen war der 3100 Quadratmeter große Park ein Meer von Menschen, alle Altersgruppen und sozialen Schichten standen Schulter an Schulter und riskierten mit der Nichtbeachtung der Ankündigung des Bürgermeisters ihre eigene Sicherheit. Die Atmosphäre war unglaublich angespannt, als die Polizei in Kampfausrüstung den Park umstellte und uns einpferchte.

Nicole und ich bekamen die unmögliche Aufgabe, eine Konsensversammlung mit Tausenden von Leuten zu leiten, die sich ausnahmslos in unmittelbarer physischer Gefahr befanden. Unsere Hauptaufgabe bestand darin, wichtige Informationen weiterzugeben wie: »Hier ist die Telefonnummer der National Lawyers Guild, die ihr anrufen solltet, falls ihr verhaftet werdet.« Außerdem versuchten wir, eine Diskussion zu moderieren darüber, wie die Menge reagieren sollte, falls die Polizei vorrückte.

Ich erinnere mich, wie ich auf einer Steinmauer stand und auf diese Menge hinuntersah, an die Gesichter der Menschen, in denen Angst und Wut geschrieben standen. Die bisherige Atmosphäre der Hoffnung drohte zu kippen und unsere Versammlung in Chaos zu verwandeln. Wieder dachte ich an Thich Nhat Hanhs Bananenstaude. Ich wollte so viel Ruhe und Stabilität vermitteln wie nur irgend möglich – und meine Achtsamkeit in diese Menge fließen lassen. Vielleicht klingt das wie gar keine so schlechte Idee, aber in Wahrheit war ich genauso verängstigt wie alle anderen.

Mir wurde klar, dass meine Angst von meinen Gedanken über die vielen Möglichkeiten einer Eskalation der Lage herrührte. Diese Angst war zwar absolut natürlich, aber wenig hilfreich.

Ich hielt inne, nahm einen tiefen Atemzug und konzentrierte mich auf die Anspannung und Unruhe in meinem Körper. Ich ließ diesen Körperempfindungen freien Lauf, ohne sie verändern zu wollen, und erlaubte ihnen, so stark zu sein, wie sie wollten. Drei oder vier Atemzüge lang wurden sie unglaublich intensiv, aber ich habe genug Erfahrung mit dieser Praxis, als dass mich das geängstigt hätte. Ich sprach die Angst in meinem Körper an und sagte: »Du darfst so stark sein, wie du willst. Du darfst bleiben oder gehen. Du bist willkommen. Ich bin für dich da.«

Langsam lösten sich meine Anspannung und Unruhe. Ich atmete weiter und konzentrierte mich mit den Sätzen: »Du kannst ruhig Angst haben, du bist trotzdem geliebt. Du brauchst die Angst nicht wegzuschieben. Ich bin für dich da«, und nahm alle Empfindungen in meinem Körper an. Nach wenigen weiteren Atemzügen fühlte ich mich innerlich ruhig und gefestigt.

Ich sah mich vor dieser Menge stehen, der Polizei gegenüber, die über Megafone ihre Warnungen ausrief, und wusste plötzlich, dass es keinen Ort auf der Erde gab, wo ich lieber gewesen wäre. Zweifellos konnte jede Sekunde irgendetwas Schlimmes passieren, aber in diesem Augenblick passierte nichts, und es wäre wenig hilfreich gewesen, wenn ich in Angststarre verfallen wäre.

Als Nächstes versuchte ich mir zu sagen: »Dieser Augenblick ist ein wunderbarer Augenblick.« Zuerst klang das nur mechanisch, bevor ich nach einem Weg suchte, wie ich es auch glauben könnte. Da sich mein Körper jetzt ruhig anfühlte, war das nicht weiter schwer. *Natürlich* ist das ein wunderbarer Augenblick. Schau dir diese großartigen Leute an, sie setzen ihren Komfort und ihre Sicherheit aufs Spiel, weil sie eine bessere Welt schaffen wollen. Ich verliebte mich in jeden Einzelnen in dieser Menge und bin mir sicher, dass sie das gespürt haben.

Etwa 20 Minuten nach Beginn unserer Generalversammlung wurde gemeldet, dass Bürgermeister Bloomberg und die Immobilienfirma Brookfield Properties (die den Park verwaltet) den Räumungsbescheid widerrufen hatten. Die Polizei zerstreute sich schnell, die Demonstranten feierten. Unsere Freude war überwältigend.

Wie ihr vielleicht wisst, war der Sieg nur von kurzer Dauer. Weniger als einen Monat später räumte die Polizei den Park mitten in der Nacht, ohne jede Vorwarnung. Aber auch wenn etwas nicht von langer Dauer ist, kann es kostbar sein. Jeder Sieg ist vorübergehend, es kommt nur auf die Perspektive an. Wir müssen also lernen, diese Augenblicke zu schätzen.

DER TEIL DES LEBENS,
DER SCHRECKLICH IST

*Nicht alle Dinge lassen sich ändern, wenn man sich ihnen stellt,
doch solange man sich ihnen nicht stellt, lassen sie sich nicht ändern.*
JAMES BALDWIN

Wenn wir ein Problem effizient angehen wollen, müssen wir auf jeden Fall in der Lage sein, nicht davon überrannt zu werden. Aber wie funktioniert das? Angesichts unseres persönlichen Leides oder der Leiden weltweit werden wir schnell böse und voreingenommen oder fühlen uns hilflos. Wir können aber auch die Fähigkeit entwickeln oder stärken, schmerzhaften Umständen mit Mitgefühl, Gelassenheit und Menschlichkeit zu begegnen. Wir haben schon alles, was wir dafür brauchen. Wir müssen nur üben.

Um uns unsere Menschlichkeit bewahren zu können, müssen wir vor allem darin Halt suchen, was im jetzigen Augenblick Wirklichkeit ist, statt uns in unseren Sorgen und Fantasien zu verlieren. Ein Großteil der Dinge, die auf der Welt geschehen, ist schön, und im vorigen Kapitel ging es darum, uns darin zu üben, das nicht zu vergessen. Manches von dem, was jetzt gerade passiert, ist aber auch verdammt beschissen. In diesem Kapitel werden wir lernen, wie wir diesem beschissenen Teil des Lebens die Stirn bieten können, ohne uns davon unterkriegen und vergiften zu lassen.

DUKKHA GESCHIEHT

Die ersten Wochen nach seiner Erleuchtung verbrachte der Buddha ganz für sich alleine. Dann suchte er seine Freunde im Wald auf und erklärte ihnen, was er gerade verstanden hatte. Seine allererste Lehre waren die Vier Edlen Wahrheiten, und viele Leute halten diese auch für das Letzte, was er lehrte, bevor er starb. Es gibt viele Übersetzungen der Vier Edlen Wahrheiten, die von Thich Nhat Hanh mag ich am liebsten. Hier seine Version (mit der wörtlichen Übersetzung in Klammern):

Jeder leidet manchmal (die Edle Wahrheit über das Leiden).
Es gibt Gründe für das Leid (die Edle Wahrheit über die Entstehung des Leidens).
Wohlbefinden ist möglich (die Edle Wahrheit über die Beendigung von Leiden).
Auch für das Wohlbefinden gibt es Gründe (die Edle Wahrheit über den Pfad der Ausübung).

Dukkha ist ein Wort aus dem Pali, es wird normalerweise mit »Leiden« übersetzt. Viele Leute halten das für eine Ableitung von einem Begriff, der ein schlecht gebautes Wagenrad beschreibt. Passte dein Wagenrad perfekt auf die Achse, lautete der Begriff *sukha*. Passte es schlecht, nannte man es *dukkha*. Der Buddha verwendete also, um unsere universelle Erfahrung des Leidens zu beschreiben, nicht ein Wort, das »intensiver Schmerz« bedeutet. Er verwendete ein Wort, das für eine »holprige Fahrt« steht.

Warum ist *dukkha* der erste Teil der ersten Lehre des Buddha? Warum wird »Jeder leidet« derart betont? Ein Grund ist meiner Meinung nach, dass uns im Allgemeinen nicht klar ist, was wir eigentlich fühlen. Das gilt vor allem, wenn wir es mit den hässlichen Seiten des Lebens zu tun bekommen.

Ich folge zum Beispiel einer Menge politischer Aktivisten auf Twitter. Wenn ich einen Post über jemanden lese, der von der Polizei brutal behandelt wird, obwohl er nichts getan hat, kommt mir als Erstes in den Kopf: »Was für eine Sauerei.« Ich bin sofort wütend auf alle, die so etwas zulassen, und denke darüber nach, was man machen könnte, um es zu verhindern. Sobald ich mich jedoch in meiner Empörung verliere, macht mich die Tatsache, dass ich leide, blind. Mein Schmerz kontrolliert mich, wenn er mir nicht bewusst ist, und nimmt mir meine Menschlichkeit. Viele von uns leiden, und das Leid beherrscht unser Leben, weil wir gar nicht erkennen, dass es da ist. Solange wir nicht wissen, dass wir Schmerzen haben, können wir auch nicht angemessen damit umgehen.

Dieses Muster zeigt sich auch ständig in zwischenmenschlichen Konflikten. Wenn ich mit meiner Tante über Politik streite, denke ich am ehesten darüber nach, warum sie unrecht hat. Weniger bewusst bin ich mir vermutlich, dass ich frustriert bin und mich ihr fremd fühle. Aus diesem Zustand heraus stehen die Chancen gering, dass wir zu einer echten Verständigung finden.

Wenn wir nicht immer wieder von unserem Leid gepackt werden wollen, müssen wir anfangen, es zu erkennen, sobald es da ist. Nur wenn uns bewusst ist, dass wir leiden, können wir vielleicht einen erfolgreichen Umgang damit finden. Also üben wir uns, Augenblick für Augenblick, in der Wahrnehmung unserer Körperempfindungen.

Die meisten von uns bemerken gar nicht, ob sie wütend, traurig oder womöglich in Panik sind, bis die Intensität des Gefühls ungefähr die Acht auf einer Zehnerskala erreicht hat. In diesem Stadium hat uns dann der Schmerz schon voll im Griff. Manchmal können wir erst, wenn wir bereits beachtlichen Schaden angerichtet haben, benennen, was wir eigentlich fühlen. Wir schauen auf die noch glühende Asche und kommentieren sie mit den Worten: »Wow, ich muss ja ganz schön wütend gewesen sein.« Dabei können wir durchaus lernen, unseren Schmerz zu erkennen, solange er noch klein genug ist. Bei einer Angststufe von drei auf der Zehnerskala fällt es viel leichter, adäquat zu handeln.

RADIKALE AKZEPTANZ

Mitunter verschwindet der Frust sofort wieder, sobald du dir so etwas sagst wie »Jetzt sei nicht frustriert«. Aber die meiste Zeit geht das nicht so einfach. Wenn du merkst, dass du leidest und die Selbsthypnose nicht funktioniert, kann es unglaublich hilfreich sein, im jetzigen Augenblick Halt zu suchen und radikale Akzeptanz für das zu üben, was du gerade fühlst.

In Zusammenhang damit, wie wir mit unserem Leid umzugehen lernen, bedeutet radikale Akzeptanz etwas sehr Spezifisches. Es bedeutet nicht, dass du soziale Ungerechtigkeit, Gewalt oder ein sonstiges Problem akzeptieren sollst. Ein Nebeneffekt der Praxis könnte zwar sein, dass du am Ende ein anderes Gefühl zu dem Problem entwickelst, aber das ist nicht der Ausgangspunkt. Es bedeutet auch nicht, dass du jede Geschichte blind hinnehmen sollst, die du dir selbst über das Problem erzählst, denn häufig stimmen unsere Interpretationen nicht. Stattdessen beginnen wir die Praxis der radikalen Akzeptanz damit, dass wir uns auf unsere Körperempfindungen konzentrieren. »Meine Brust fühlt sich eng an, und mein Gesicht ist total angespannt« sind zum Beispiel Dinge, die du mit Sicherheit weißt, während »Der Typ ist ein Arschloch« nur eine Option ist.

Konzentriere dich, sobald du merkst, dass du leidest, auf deine Körperempfindungen. Sie sind der Anker, an dem du dich festhalten kannst, um nicht vom Sturm deiner Gefühle umgeworfen zu werden. In einem Leidensmoment kreisen die Gedanken sehr schnell, und man braucht viel Training, um sie beobachten zu können, ohne davon weggespült zu werden. Halt im eigenen Körper zu finden geht viel leichter.

Thich Nhat Hanh erzählt die Geschichte, wie er einmal im Sommer in Frankreich einen Spaziergang machte. Er wohnte in seiner Klause in Plum Village, dem Kloster, das er, nach seiner Verbannung aus Vietnam, in der Nähe von Bordeaux gegründet hatte. Es war ein wunderschöner, warmer Tag, und alle seine Fenster standen offen. Nachdem er sich ein wenig mit Kalligrafie beschäftigt hatte, beschloss er, einen Spaziergang über die Hügel zu machen. Er ging durch den Wald und über Sonnenblumenfelder, als plötzlich, ohne jede Vorwarnung, ein heftiges Gewitter losbrach. Zurück in seiner Klause, war sein Schreibtisch durchnässt, und der Wind hatte die Tinte und das Papier über den ganzen Boden verstreut. Als er sah, in welchem Zustand sein Zimmer war, schloss er zuallererst das Fenster. Erst dann räumte er das Zimmer auf.

Wenn wir zu unserem Geist und Körper nach Hause kommen und feststellen, dass unser Zimmer im Chaos erstickt, müssen wir als Erstes die Fenster zu unseren Sinnen schließen. Wir müssen zusehen, dass wir nicht noch mehr visuelle und auditive Eindrücke aufnehmen, und uns auf das konzentrieren, was in uns vor sich geht. Dann können wir mit der Praxis des Aufräumens beginnen – und uns um unser Leid kümmern.

Viele von uns behandeln ihre Gefühle so, wie mein Freund Bruce es mit seinem Zimmer im Studentenwohnheim hielt. Nach der Hälfte seines ersten Semesters als Studienanfänger war sein Zimmer so versaut, dass er es am liebsten gar nicht mehr betrat. Schließlich schlief er auf dem Sofa im Gemeinschaftsraum. Wenn du dich lieber ablenkst und viel beschäftigst, um nicht mit deinen Gefühlen alleine zu sein, wirst du wie Bruce enden und keinen Halt mehr in dir finden können.

Als ich zu üben begann, Halt zu finden und auf meinen Körper und Geist zu achten, begegnete ich einem riesigen Haufen Mist. Ich war das reinste Chaos. Mein Leben lang hatte ich meine Gefühle ignoriert, und ihnen jetzt Aufmerksamkeit zu schenken war alles andere als schön. Trotzdem bin ich unendlich dankbar, dass ich drangeblieben bin. Ich weiß jetzt, wie es sich anfühlt, sich in der eigenen Haut wohlzufühlen, und ich kann Mensch bleiben, selbst wenn ich in einer wirklich beschissenen Situation stecke. Ich glaube tatsächlich, dass ich so ziemlich alles, was in meinem Leben gut ist, meiner Hingabe an diese Praxis zu verdanken habe – meiner Bereitschaft, bei mir selbst Halt zu suchen und mir selbst absolute Akzeptanz zu schenken, besonders dann, wenn ich mich schrecklich fühle.

Lass mich kurz beschreiben, wie die Übung funktioniert. Danach beantworte ich ein paar Fragen.

ÜBUNG
- Nimm wahr, dass Leid in dir vorhanden ist.
- Richte deine Aufmerksamkeit auf deine Körperempfindungen. Nenne beim Namen, was du bemerkst, z. B. Anspannung im Gesicht, Verkrampfungen im Bauch, Schwere in der Brust, Unruhe im ganzen Körper und so weiter.
- Erlaube diesen Empfindungen zu tun, was immer sie wollen. Sie dürfen stärker werden, sich verändern oder bleiben, wie sie sind. Deine einzige Aufgabe besteht darin, sie zu spüren – ihnen in voller Akzeptanz weiterhin Beachtung zu schenken.

44   Kapitel 3

Am Anfang kann beim Üben alles Mögliche passieren. Du beobachtest deinen Körper und nimmst seine Empfindungen wahr, ohne zu versuchen, sie auf irgendeine Weise zu beeinflussen. Egal, was für ein Schmerz da war – es könnte sein, dass er beginnt zu verschwinden. Falls ja, ist das toll. Vielleicht bleibt er aber auch gleich stark oder wird sogar schlimmer. Falls das passiert, versuch daran zu denken, dass es bei dieser Übung nicht darum geht, den Schmerz loszuwerden. Stattdessen lernen wir, wie wir alle auftauchenden Gefühle aushalten und akzeptieren können – egal, ob sie angenehm, unangenehm oder weder das eine noch das andere sind.

Wozu soll das gut sein? Wie soll das helfen?
Es hilft aus dem einfachen Grund, dass unser Leid nur schlimmer wird, wenn wir dagegen ankämpfen. Wir bekommen Angst vor unserer Angst, wir sind wütend auf unsere Wut oder deprimiert darüber, wie deprimiert wir sind. Für mich liegt es auf der Hand, dass es nichts bringt, mich selbst zu quälen, wenn ich ohnehin schon an irgendwelchen blöden Situationen in meinem Leben oder in der Welt leide.

Der Sinn dieser Praxis ist es zu lernen, anders mit unserem Leid umzugehen – und zwar so, dass es wirklich hilft. Es geht um die radikale Akzeptanz unserer Körpergefühle. Es geht darum, ein ausgeprägtes Verständnis für unser Leid zu entwickeln, das zu echter Transformation führen kann.

Die beste mir bekannte Analogie zur Veranschaulichung für diese Form der Präsenz ist die Art und Weise, wie wir ein schreiendes Baby halten, um es zu trösten. Und zwar nicht um 3 Uhr nachts, wenn wir unter Schlafmangel leiden und völlig k.o. sind. Wenn wir es halten und dabei denken: »Ich kann das nicht. Jetzt hör doch auf«, dann wird es das Baby vermutlich nicht als besonders tröstlich empfinden.

Ziel der Übung ist es, das Baby in radikaler Akzeptanz zu halten, indem wir zum Beispiel sagen: »Es ist in Ordnung, dass du fühlst, was immer du fühlst. Es ist in Ordnung, egal, ob du schreist oder ob du aufhörst zu schreien. Ich akzeptiere dich so oder so.« Mit dieser Gelassenheit bleiben wir offen für alles, was kommt. Zugleich möchten wir so gut es geht helfen. Das können wir mit Fürsorge, Mitgefühl und Wärme. Worte dafür könnten zum Beispiel sein: »Ich bin für dich da. Wenn ich kann, helfe ich dir gern.«

In Beziehungen zwischen Erwachsenen ist es nicht immer leicht, sich Akzeptanz und Mitgefühl vorzustellen. Wir meinen, jemanden zu akzeptieren würde zugleich implizieren, dass wir nicht wollen, dass er sich verändert, und jemandem zu helfen würde bedeuten, dass wir seinen Schmerz nicht akzeptieren. Ganz ehrlich? Das ist Quatsch. Die Art, wie wir ein schreiendes Baby halten, ist der Archetyp von *gelassenem Mitgefühl*. Genau durch diese Form von Präsenz wird Leid transformiert. Und genau das trainieren wir in dieser Praxis.

Der bekannte, inzwischen verstorbene Neurowissenschaftler Jaak Panksepp entdeckte, dass jedes Säugetier eine fest umrissene anatomische Struktur im Gehirn hat, die den Ausdruck von Fürsorge steuert. Er nannte sie *Care Circuit* (Fürsorgekreislauf). Wenn er aktiv ist, schüttet er Oxytocin und natürliche Opiate aus und schenkt uns dieses warme, wohlige Gefühl. Könnten wir das Gehirn in dem Augenblick im Detail abbilden, wo wir Zärtlichkeit und Liebe empfinden, würden wir tatsächlich sehen, dass der *Care Circuit* aktiviert ist. Panksepp zeigte, dass eine (entweder natürliche oder durch Mikroelektroden induzierte) Aktivierung des *Care Circuit* bei jedem Säugetier die Leiderfahrung dieses Wesens radikal reduziert. Mit anderen Worten: Lernen wir, unserem Leid liebevoll zu begegnen und es radikal zu akzeptieren, dann nutzen wir eine der zentralen Strukturen unseres Gehirns ganz direkt zu dessen Regulierung.

Entschuldige, aber mir ist noch nicht klar, was »gelassenes Mitgefühl« heißen soll. Kannst du das ein bisschen genauer erklären?

Na klar. Wenn du, sobald du hörst, dass etwas Schlimmes passiert ist, von Sorgen überwältigt wirst und es dich so trifft, dass es dich komplett aus der Bahn wirft, dann würden wir das *Mitgefühl ohne Gelassenheit* nennen. Denkst du stattdessen bei derselben Nachricht nur »Na ja, das passiert doch tausendmal am Tag« und hast eigentlich nicht das Gefühl, irgendwie tätig werden zu müssen, dann wäre das wiederum *Gelassenheit ohne Mitgefühl.*

Ich behaupte aber, dass es möglich ist, *gelassenes Mitgefühl* zu entwickeln. Wir können uns darin üben, wirklich Anteil zu nehmen, ohne uns damit selbst zu schaden. Meiner Erfahrung nach lässt sich diese Qualität am besten in Verbindung mit unserem eigenen Schmerz lernen. Wir lernen, wie wir unseren Schmerz – unsere Angst, Trauer oder Wut – aushalten können wie ein schreiendes Baby. Haben wir uns erst mal mit unserem eigenen Schmerz verbunden, wird alles andere leichter. Wir können uns dann auch um den Schmerz anderer Leute kümmern, ohne dass es uns auslaugen würde. Mit diesem Know-how sind wir in der Lage, uns viel mehr in der Welt einzusetzen.

Was ist, wenn das Gefühl viel zu stark ist?
Wenn es traumatisch ist?

Wir haben nur begrenzte Kapazitäten, wenn es darum geht, mit unserem Schmerz stark zu bleiben. Ist er zu groß, dann werden wir davon überwältigt. Wenn er zu intensiv ist, als dass wir ihn mit Mitgefühl aushalten könnten, müssen wir vorsichtig sein, weil sonst alles nur noch schlimmer wird.

Leid zu ertragen und im Mitgefühl auszuhalten führt zu Transformation. An Schmerz leiden ohne Mitgefühl wäre ein reines Wiederkäuen, es macht ihn größer. Wir müssen unsere Grenzen kennen und, wenn nötig, Hilfe suchen. Ein Anfänger sollte nie alleine mit akutem Trauma üben (auch wenn ich aus eigener Erfahrung sagen kann, dass man mit genügend Training und Unterstützung auch mit einem Trauma praktizieren kann).

Es ist okay, falls die Gefühle unschön sind, die in dir aufsteigen. Du besitzt vielleicht mehr Kraft, deinen Schmerz zu umarmen, als du dir je hättest vorstellen können. Ob du alleine damit klarkommst, merkst du daran, ob du das Gefühl der liebevollen Präsenz halten kannst oder ob es dich einfach nur anstrengt.

Das ist wirklich ein wichtiges Thema. Für detailliertere Anleitungen kannst du auch gleich zu Kapitel 8 »Alten Schmerz heilen« übergehen.

Was ist, wenn die Gedanken nicht aufhören?

Du versuchst, Zuflucht in deinem Körper zu finden und auf alle deine Körperempfindungen zu achten, wirst aber von Gedanken, Erinnerungen oder inneren Kommentaren abgelenkt. Das ist völlig normal. Hier ein paar Gedanken, die möglicherweise beim Üben auftauchen, und ein paar Richtlinien, wie du mit ihnen umgehen kannst:

- Du sagst dir gerade, dass du ein unangenehmes Gefühl akzeptieren solltest. Da taucht der Gedanke auf: »Ich hasse dieses Gefühl. Ich will es nicht akzeptieren.«

  » Gib diesem Gedanken den Namen *Widerstand*, denn er leistet deiner Praxis Widerstand. Sage dir selbst: »Das ist Widerstand« und schau, ob er von selbst abklingt.

  » Tut er das nicht, mach den Widerstand zum Gegenstand von deinem Mitgefühl und deiner Akzeptanz.

48   Kapitel 3

Fühl mit dieser Stimme in dir. Verwende Sätze wie: »Natürlich hasst du dieses Gefühl. Das ist völlig normal.« Und jetzt schau, ob du dem Gefühl und auch der Stimme, die dieses Gefühl hasst, erlauben kannst, gleichzeitig in dir präsent zu sein. Sie sind ja beide schon da, also lass sie einfach da. Sei nicht parteiisch. Sag dir: »Ich erlaube mir, die Anspannung in mir zu spüren, und der Stimme in mir, die diese Anspannung hasst, zu sagen, was immer sie zu sagen hat. Ich bin für beides offen.«

- Du versuchst zu üben und denkst: »Diese Übung hilft überhaupt nicht. Ich kann das nicht.«

  » Gib diesem Gedanken den Namen *Zweifel*, denn mit ihm zweifelst du am Nutzen deiner Übung. Erklär dir: »Das sind Zweifel« und schau, ob sie von selbst abklingen.

  » Falls nicht, versuch, auch mit dieser Stimme mitzufühlen, bleib dabei aber so skeptisch wie möglich. Bekenne: »Da gibt es einen Teil in mir, der glaubt, die Übung würde nicht funktionieren. Vielleicht stimmt das, vielleicht auch nicht. Es ist völlig in Ordnung, das zu fühlen.« Erlaube der inneren Stimme zu sagen, was immer sie will, und kehre immer wieder zu deinen Körperempfindungen zurück. Manchmal zeigen uns die Zweifel auch nur, dass wir irgendetwas an der Art ändern sollen, wie wir üben – es kann also durchaus sinnvoll sein, ihrem Rat zu folgen. Oft drücken sie aber nur unsere Unsicherheit aus, und dann ist liebevolle Zuwendung genau das Richtige.

- Du versuchst zu üben und denkst: »Ich muss Geschirrspülmittel kaufen.«

  » Gib diesem Gedanken den Namen *Pläne*. Sag dir: »Das sind *Pläne*« und schau, ob der Gedanke von selbst abklingt.

Die Kunst, unglücklich zu sein   49

» Wenn nicht, will dein Verstand vielleicht einfach nur sichergehen, dass du irgendetwas Wichtiges nicht vergisst. Oder er versucht, unangenehme Gefühle zu vermeiden. Hast du Angst, etwas Wichtiges zu vergessen, kannst du die Übung unterbrechen, um es aufzuschreiben. Andernfalls übe weiter, nach Halt in den Körperempfindungen zu suchen, selbst wenn sie noch so unangenehm sind.

- Du verlierst dich in einer Geschichte, wie zum Beispiel »Mir wird bestimmt gekündigt, das weiß ich« oder »Ich wünschte, sie würde mich lieben«.

  » Gib diesem Gedanken den Namen *Geschichte*, denn es sind Vorhersagen über die Zukunft oder unser Wunsch, dass die Welt anders wäre, als sie ist. Sag dir: »Das ist eine Geschichte« und schau, ob sie von selbst verschwindet.

  » Wenn nicht, zeige Mitgefühl für diese Stimme, ohne ihr beizupflichten. »Ein Teil in mir hat Angst vor etwas, das wahr oder auch falsch sein könnte. Ich muss nicht jetzt entscheiden, ob es wahr ist. Ich kann einfach akzeptieren, was immer in mir hochkommt.« Jeder von uns kennt solche Gedanken. Innere Freiheit und Seelenfrieden entstehen nicht, indem wir uns diese Gedanken verbieten, sondern indem wir lernen, den Gedanken mit radikaler Akzeptanz zuzuhören und uns nicht von ihnen überwältigen zu lassen.

Warum soll ich mich nicht auf das Gefühl konzentrieren? Was ist so besonders am Körper?

Ich wiederhole ständig, dass du dich auf die Körperempfindungen oder -gefühle konzentrieren sollst. Alle Beispiele, die ich anführe, beziehen sich auf Körperwahrnehmungen – Anspannung, Unruhe, Schwere usw. Vielleicht klingt es verwunderlich, warum du dich nicht direkt auf die *Angst* oder ganz allgemein auf das *Leid* fokussieren sollst.

Emotionen (Angst, Erstaunen, Trauer und so weiter) werden in der buddhistischen Psychologie etwas anders definiert. Am einfachsten erklärt sich das so, dass ein Gefühl wie Wut aus zwei Dingen besteht: aus Körperempfindungen und dem Hang, auf eine bestimmte Art und Weise zu denken. Wenn ich wütend bin, nehme ich im Körper womöglich eine Enge oder Hitze in der Brust wahr oder meine Hände ballen sich zu Fäusten. Zugleich habe ich vermutlich wütende Gedanken. Werden dem Gefühl Wut die Körperwahrnehmung und die Tendenz zu wütenden Gedanken abgesprochen, bleibt nichts mehr übrig. Das Gefühl besteht nur aus diesen beiden Dingen.

Wenn du dich also entscheidest, dich auf »Wut« statt auf »Anspannung« zu konzentrieren, dann versuchst du eigentlich, dich auf die Körperempfindungen und die Gedanken zugleich zu konzentrieren. Das ist schwieriger, als sich nur auf den Körper zu fokussieren. Kommen Gedanken auf (und das passiert immer), dann heiße sie willkommen und kehr mit deiner Aufmerksamkeit zurück zum Körper.

Über Gefühle zu reden, sie beim Namen zu nennen und in diesen Begriffen zu denken ist sicherlich nützlich im Leben. Die Vorstellung von Gefühlen kritisiere ich nicht. Aber ich glaube, dass unsere Übung besser funktioniert, wenn wir uns auf die Körperempfindungen konzentrieren.

Das fällt mir wirklich schwer.
Wie kann ich besser darin werden?
Wie werden wir in irgendwas besser? Zuerst erfahren wir davon, und dann probieren wir es aus. Haben wir dann erst mal ein Gefühl dafür, fangen wir an zu üben.

Zuallererst muss dich die Technik intellektuell ansprechen. Gehst du sie nur mechanisch durch, wirst du höchstwahrscheinlich irgendetwas Wichtiges verpassen. Denk drüber nach und lies dich genauer ein, solange sie dir nicht wirklich einleuchtet. Kannst du erklären, warum dir genau diese Übung nützen könnte?

Nimm dich selbst nicht allzu ernst, wenn du sie dann ausprobierst. Variiere meine Anleitungen ruhig so lange, bis du eine Variante gefunden hast, die sich kraftvoll für dich anfühlt. Bei dieser Übung geht es darum, etwas über den eigenen Verstand zu lernen – du wirst also immer wieder Überraschungen erleben. Sei, selbst wenn du schon seit Jahren übst, offen für die Möglichkeit, dass du bisher vielleicht irgendetwas Wichtiges noch nicht verstanden hast. Anstatt etwas Bestimmtes zu erwarten, können wir dank unserer Offenheit in Verbindung mit unseren realen Erfahrungen bleiben.

Wenn du in der Lage sein möchtest, auf etwas wirklich Schlimmes in deinem Leben mit Mitgefühl zu reagieren, dann hast du zwei Möglichkeiten. Du wartest diese schlimmen Momente einfach ab und nimmst dir vor, anders zu handeln. In diesem Fall denkst du nicht weiter ans Üben, bevor du es nicht wirklich brauchst. Entscheidest du dich für diesen Weg, wirst du wahrscheinlich in fünf bis zehn Jahren eine Veränderung feststellen. Oder aber du nutzt Übungen wie diese, um dich zu trainieren, bevor du sie wirklich brauchst. In diesem Fall könntest du innerhalb einiger Wochen (manchmal sogar Tage) Veränderungen feststellen.

Der Neurowissenschaftler Richard Davidson fand heraus, dass 30 Minuten Mitgefühlstraining pro Tag über einen Zeitraum von zwei Wochen ausreichen, um messbare Veränderungen im Verhalten und in der Physiologie des Gehirns zu verursachen. Findest du diese 30 Minuten nicht, kannst du dir aber vermutlich wenigstens fünf Minuten einrichten (entweder am Stück oder über den Tag verteilt).

52   Kapitel 3

Und ganz ehrlich? Wenn es dir wirklich wichtig ist, wirst du vielleicht am Ende auch die 30 Minuten möglich machen können.

In Leidensmomenten anders zu reagieren lässt sich am besten üben, indem du dir einen stillen Ort suchst und an irgendetwas denkst, das Schmerz in dir hochkommen lässt. Es sollte nicht zu intensiv, aber doch körperlich wahrnehmbar sein. Jetzt kannst du üben, diesen Schmerz in Liebe und Akzeptanz zu halten. Das ist der entscheidende Punkt. Je mehr Zeit und Energie du in diese Übung investierst, umso schneller ist ihre Wirkung zu spüren. Am Ende wirst du in Situationen, die dich früher getriggert hätten, klarer und freundlicher reagieren können. So kann mit der Zeit ein Schmerz zu einer Art Pawlowscher Reflex werden und dich daran erinnern, bei dir selbst Halt zu suchen.

Soll ich irgendwas mit meinem Atem machen?

Mach dir keine Gedanken. Wenn du dich gern auf deinen Atem fokussierst, ist das eine Körperempfindung und kann gern Teil der Übung sein. Es ist aber auch möglich zu üben, ohne dass du dich auf deinen Atem konzentrierst. Du kannst es so oder so halten.

Was soll ich tun, wenn es nicht hilft?

Du trainierst dich doch darin, quälende Gefühle zu ertragen, und nicht darin, diese Gefühle loszuwerden. Stell dir vor, du hast eine Freundin, die gerade etwas Schweres durchmacht. Sie bittet dich, ihr einfach zuzuhören. Sie sagt dir, dass sie keinen Rat braucht, sondern nur das Gefühl, dass jemand für sie da ist. Wie würdest du ihr zuhören?

Wie wäre es, wenn du ihr zuhörst, aber die ganze Zeit denkst: »Na gut, ich höre dir ja schon zu, aber dann sei endlich still.« Für beide keine befriedigende Art, oder? Wenn du dagegen mit der inneren Einstellung »Ich möchte gern wis-

Die Kunst, unglücklich zu sein   53

sen, was du gerade durchmachst. Ich bin um dein Wohl besorgt und vertraue darauf, dass du damit umgehen kannst« zuhören kannst, dann wird sich das ganz anders anfühlen. Genau so lernen wir, auch unserem eigenen Leid zuzuhören – mit Offenheit, echter Fürsorge und Vertrauen in uns selbst.

Manchmal hat es den Anschein, als würde diese Praxis nicht helfen. Dann akzeptierst du das Leid in dir nicht wirklich. Du spürst es und redest dir ein, dass du es akzeptieren solltest, aber in Wahrheit ist es nicht so. Ein Teil von dir hasst dieses Leid, also tu nicht so, als wäre der Hass nicht da. Nimm ihn wahr und entwickle auch für diesen Teil von dir Akzeptanz.

Und schließlich ist es wichtig, so zu üben, dass es sich gut anfühlt. Der Schmerz, mit dem wir in Berührung kommen, ist natürlich unangenehm. Wenn es uns aber gelingt, ihn liebevoll und mit Akzeptanz zu halten, sollte sich schon eine gewisse Sanftheit bemerkbar machen. Ist das nicht der Fall, solltest du eine Pause machen und dich stattdessen auf das fokussieren, was gerade gut ist in deinem Leben.

Was ist, wenn ich an chronischen Schmerzen oder einer Erkrankung leide, die das noch schwerer macht?

Seit fast 40 Jahren werden Daten gesammelt, die die Wirksamkeit der Achtsamkeitspraxis bei chronischen Schmerzen beweisen. Wir wissen zum Beispiel, dass acht Wochen Training bei Brandopfern zu einer 40- bis 60-prozentigen Linderung der subjektiven Schmerzerfahrung führen können. Die Praxis hat sich bewährt.

Schau mal, ob es dir gelingt, die Schmerzempfindung in deinem Körper wahrzunehmen, ohne sie zu hassen. Du könntest sogar versuchen, sie *Empfindung* und nicht *Schmerz* zu nennen. Falls es einen Teil in dir gibt, der dieses Gefühl unbedingt hassen möchte, dann heiße auch diesen will-

54   Kapitel 3

kommen. Schau mal, ob du beide Teile fühlen kannst, ohne Partei zu ergreifen, etwa so: »Ich spüre diesen Schmerz im Knie und die Stimme in mir, die den Schmerz hasst. Ich erlaube beiden, da zu sein oder zu gehen, ganz wie sie wollen. Ich bin für euch beide da. Ich sehe, dass ihr beide leidet, und ich liebe euch.«

Wir wollen in der Lage sein, dem, was in der Welt beschissen ist, die Stirn zu bieten und uns unser Menschsein zu bewahren. Das Problem ist, dass es wehtut, hinzuschauen und sich zu sorgen. Diese Praxis trainiert uns darin, den eigenen Schmerz anzunehmen und umzuwandeln. Und das wiederum ermöglicht es uns, auch dann präsent zu sein, wenn etwas richtig Schlimmes passiert.

Meines Wissens hat noch niemand die Erfahrung gemacht, dass der Nutzen dieser Übung in irgendeiner Weise begrenzt wäre. Sie kann sogar jemanden, der so verkorkst ist, wie ich es bin, in eine halbwegs annehmbare Person verwandeln. Sie kann aber noch viel mehr als das. Je mehr Energie wir aufbringen, unseren Schmerz zu erkennen und zu transformieren, umso mehr Leichtigkeit und Verbundenheit finden wir. Ich persönlich habe für mich entdeckt, dass in dieser Hinsicht ein bisschen Engagement zu ein bisschen Freiheit führt, während eine Menge Engagement das Leben sogar radikal verändern kann.

KAPITEL 4

ERKENNE DICH SELBST

Heilig die übernatürliche extra brillante
intelligente Güte der Seele!
ALLEN GINSBERG

ch möchte hier eine Hypothese aufstellen, die wir gemeinsam überprüfen können:

Alles an dir ist so unglaublich schön,
dass es dich direkt umhauen und zum Heulen bringen würde,
wenn du es nur einen Moment selber sehen könntest.

Das ist nur eine Hypothese, wir sollten sie also anhand aller zur Verfügung stehenden Daten untersuchen. Als Erstes aber eine Geschichte:

Als wir uns kennenlernten, war Victor seit etwa einem Monat aus dem Gefängnis entlassen. Er war fast 70 Jahre alt und davon 48 Jahre hinter Gittern gewesen. Er sagte mir, er sähe keinen Sinn darin weiterzuleben, seine Augen waren dabei fest auf den Boden gerichtet.

Sofort verspürte ich den Reflex, ihm zuzureden, doch bitte nicht aufzugeben. Wenn du jemandem zuhörst, der ernsthaft suizidgefährdet ist, musst du dich mit seinem Schmerz auseinandersetzen, was nicht leicht ist. Daher war mein erster Impuls, ihn davon zu überzeugen, das Leben doch lieber aus einem anderen Blickwinkel zu betrachten. Es war mir in dem Moment beinahe unmöglich, diesem Mann, dem es so dreckig ging, aufrecht zu begegnen, weil der menschliche Drang, Leiden um jeden Preis zu vermeiden, so verdammt stark ist. Dank meiner Lehrer und meines Trainings war ich glücklicherweise in der Lage, mich zusammenzureißen.

Stattdessen sagte ich zu Victor, ich würde ihn gern verstehen wollen, worauf er mich mit einem kleinen Funken Hoffnung anschaute. »Ich habe mein ganzes Leben vergeudet und bin am Ende«, sagte er. »Das Einzige, was ich je fertiggebracht habe, war es, Menschen zu verletzen. Ich habe eine Menge Menschen verletzt und hasse mich dafür. Ich will das einfach nicht mehr.«

Da ich keine Ahnung hatte, was ich sagen oder tun sollte, versuchte ich mich in seine Lage zu versetzen. Ich wollte die gemeinsame Grundlage unseres Menschseins finden, um ihn verstehen zu können. Ich weiß, wie schrecklich es sich anfühlt, voller Reue zu sein. Alles scheint hoffnungs- und ausweglos, es ist, als würden sich einem die Eingeweide nach außen kehren, und was man spürt, ist gerade das, was man am wenigsten fühlen will.

Dank der brutalen Absurdität des Lebens habe ich gelernt, dass ich mich genau dem stellen muss, was ich gerade empfinde. Immer wenn wir vor einem Gefühl weglaufen wollen, ist das genau das Zeichen, dass wir uns um 180 Grad drehen und ihm ins Auge schauen müssen.

Ich sagte: »Da wir hier gerade miteinander reden, kommt es mir so vor, als wollten Sie sich vielleicht gar nicht hassen und können sich bloß nicht vorstellen, wie das gehen soll.« Jetzt schaute er mir mit Tränen in den Augen direkt ins Gesicht und nickte.

»Ich habe ein paar wirklich schreckliche Dinge getan«, erklärte er. »Ich auch«, dachte ich, was er mir angesehen haben muss, denn über sein Gesicht huschte ein leises Lächeln. Ich fragte ihn, wie alt er war, als er zum ersten Mal in Schwierigkeiten gekommen war. Er erzählte mir, mit etwa vierzehn hätte er angefangen, mit Drogendealern und Schlägern aus der Nachbarschaft herumzuhängen. »Davor war ich ein guter Junge gewesen, der keinem Ärger machte.«

Ich stellte mir also diesen vierzehnjährigen Jungen vor, der sich immer anständig benommen hatte, und fragte mich, was ihn dazu gebracht haben mochte, sich mit diesen

Erkenne dich selbst   59

Leuten einzulassen. »Können Sie sich als Vierzehnjährigen sehen?«, fragte ich. »Damals, als Sie angefangen haben, mit diesen Leuten rumzuhängen?« Er schloss die Augen und nickte wieder. Ich fragte ihn, was er diesem Jungen sagen würde, wenn er könnte.

»Du hältst das für Spaß und willst erwachsen sein. Das ist gut. Du hast Träume. Aber du siehst nicht, wohin dich das führen wird. Du versuchst, groß und wichtig zu sein, dabei wirst du dein Leben lang hinter Gittern sein. Das weiß ich! Lass es bloß! Du wirst sehen, dass es dich nicht dahin bringt, wo du denkst. Schau dir nur mein Leben an! [Inzwischen weinte er.] Du brauchst jemanden, der dir zeigt, wie du wirklich erwachsen werden kannst. Diese Leute hier sind nicht deine Freunde, sie werden verrecken oder sonst was Schlimmes. Du brauchst jemanden, der wirklich erwachsen ist und was vom Leben versteht!«

Wir saßen ein paar Minuten schweigend da. Schließlich sagte er: »Das fühlt sich echt gut an, Mann, aber es ist zu spät. Es sollte nicht sein.« Ich war beeindruckt, wie leidenschaftlich und überzeugend er gesprochen hatte.

»Wie viele Vierzehnjährige gibt es in Ihrer Nachbarschaft, die gerade dabei sind, dieselben Fehler zu machen wie Sie damals?«, fragte ich. Er begriff sofort. Die quälende Verzweiflung wich ihm aus dem Gesicht und machte einer fokussierten Aufgabe Platz.

»Das ist es«, antwortete er. »Ich weiß Dinge, die sie nicht wissen. Sie wollen ja keinem wehtun. Diese Kids sind einfach nur dumm. Sie wollen erwachsen sein, wissen aber nicht, wie. Das ist es.« Er schwieg eine Minute, bevor er fortfuhr: »Ich konnte nicht hören, was mir mein Schmerz sagen wollte. Das hat mich ganz krank gemacht. Er wollte mir nur sagen, dass ich etwas Wichtiges zu tun habe. Das war mir nicht klar, aber jetzt kann ich es sehen.«

AUSGERECHNET DAS SCHLIMMSTE
AN DIR IST WUNDERBAR

Ich denke, jetzt sind wir so weit und können unsere Hypothese überprüfen. Genau betrachtet, sind alle unsere Gedanken, Gefühle und Taten umwerfend schön. Aber woran
können wir das festmachen? Ich würde dich gern durch
einen Fragenkatalog begleiten, mithilfe dessen selbst das
Schlimmste, das du je getan hast, absolut liebenswert wird.
Dann hätten wir zumindest einen Beweis für unsere These.

Lass es uns probieren. Denk an eine der schlimmsten
Sachen, die du im Leben getan hast – irgendetwas, das du
bereust. Von dem du wünschst, du hättest es nicht getan,
oder umgekehrt, du hättest es getan. Denke an den Schmerz,
den du dir und anderen mit deinem Tun oder Nichttun
zugefügt hast.

Sobald du dir etwas überlegt hast, schauen wir uns an,
warum du es getan hast. Statt diesen unangenehmen Teil zu
vermeiden, gehen wir in die Tiefe. Was hast du dir erhofft?
Hast du versucht, etwas Unerfreuliches zu umgehen? Hast
du geglaubt, du wärst, körperlich oder emotional, in Gefahr? Hast du versucht, etwas Bestimmtes damit zu erreichen? Hast du gedacht, es würde sich gut anfühlen oder dir
irgendetwas verschaffen, das dir zu der Zeit wichtig schien?
Welches Best-Case-Szenario hattest du im Kopf, als du deine
Entscheidung getroffen hast?

Egal, worum es geht – es gibt eine Möglichkeit, unsere
destruktiven Entscheidungen zu verstehen, sodass sich
deren von Scham vergiftete Erinnerung in etwas verwandelt, das uns stärker macht. Egal, ob das, was du getan hast,
ein Fehler war oder ob du jemanden absichtlich verletzt
hast – wenn du deine Entscheidung klar genug nachvollziehen kannst, wird es dich dir selbst und anderen gegenüber
mitfühlender und zu einem besseren Menschen machen.

WISSENSCHAFT UND
DIE MENSCHLICHE NATUR

Diese verändernde Sichtweise entstammt einer Theorie über die menschliche Natur, die ihre Grundlage in der neuesten Wissenschaft hat. Sie konzentriert sich auf zwei Hauptfragen: (1) Was motiviert uns? und (2) Wie wandeln wir diese Motivationen in Taten um?

Beginnen wir mit dem ersten Teil. Ich glaube, dass jeder Gedanke, jedes Gefühl und jede Handlung von dem Wunsch motiviert sind, Leiden zu vermeiden und Bedürfnisse zu stillen. Evolutionspsychologen halten dies vom wissenschaftlichen Standpunkt aus sogar für die einzig vorstellbare Motivation.

Wenn du dir Evolution von etwas anderem motiviert vorstellst als von dem Wunsch, Gefahr zu vermeiden oder zu wachsen und zu gedeihen, dann ergibt sie keinen Sinn. Wenn eine Motte in eine Kerze hineinfliegt, denken wir nicht: »Diese Motte hasst sich.« Wir denken schon eher: »Vielleicht braucht sie Licht, um sich zu orientieren, und das künstliche Licht bringt sie einfach durcheinander.« Wir gehen davon aus, dass es einen lebenserhaltenden Grund für ihre Verwirrung gibt. Übrigens weiß die Entomologie nicht, warum Motten das tun. Aber wir schenken den Motten einen Vertrauensbonus. Warum können wir nicht dieselbe Logik anwenden, wenn wir unser eigenes Verhalten zu verstehen versuchen? Sind wir so viel schlimmer als Motten?

Wüssten wir, wie wir unsere eigenen Bedürfnisse abdecken und andere Menschen in unserem Leben ebenfalls glücklich machen könnten, dann würden wir uns meiner Meinung nach immer dafür entscheiden. Es ist nicht anders als bei den Motten, bei denen wir davon ausgehen, dass sie sich so und nicht anders verhalten, weil sie wissen, wie sie sich am besten paaren und ernähren und am Leben bleiben. Wie Victor sagte, ist unser einziges Problem, dass wir dumm sind. Und diese Art von Dummheit scheint auf die Art und Weise zurückzuführen zu sein, wie unser Gehirn aufgebaut ist.

Lange Zeit konnten Wissenschaftler die Funktionsweise des Gehirns nur studieren, indem sie beobachteten, wie unterschiedliche Hirnverletzungen Menschen und Tiere beeinflussten. Offensichtlich bietet diese Methode nur begrenzte Erkenntnismöglichkeiten. Als dann die Neuro-imaging- und Hirnkartierungstechnologien entwickelt wurden, ließ sich beobachten, dass unter verschiedenen Umständen unterschiedliche Kreisläufe aktiviert wurden. Aber auch diese Methode ist begrenzt. Könntest du deinen Laptop scannen und die darin herumspringenden elektrischen Signale beobachten, dann würdest du trotzdem nicht verstehen, wie er funktioniert.

In jüngerer Zeit haben sich die Bereiche Künstliche Intelligenz und Maschinenlernen so weit entwickelt, dass sie einen wichtigen Beitrag zu unserem Wissen über das Gehirn leisten. In der Computational Neuroscience werden Computermodelle zu unseren Annahmen über das Gehirn hergestellt und daraufhin getestet, ob diese Theorien tatsächlich wie echte Gehirne funktionieren.

Ein Grundgedanke der Computational Neuroscience ist, dass die Hauptfunktion des Gehirns darin besteht, Modelle von der Funktionsweise der Welt zu produzieren. Jedes Lebewesen muss in der Lage sein, seine Umgebung wahrzunehmen, damit es darauf reagieren kann. Auch wenn es nur um das Erkennen von Nahrung und um die Nahrungsaufnahme geht. Daher versucht es, in den eigenen unbearbeiteten sensorischen Daten Muster zu finden und diese Muster in ein Bild für das, was tatsächlich passiert, zu übersetzen (z.B. nimmt der Frosch seinen Hunger und die Anwesenheit einer Fliege wahr). Das Wichtigste dabei: Es muss ein Modell davon haben, wie seine Taten die eigene Welt beeinflussen können (z. B. lässt der Frosch seine Zunge in einem bestimmten Winkel herauszischen, um die Fliege zu fangen). Dieses Modell von der Wirklichkeit bestimmt, wie das Lebewesen handeln wird.

Und wie lässt sich das auf die menschliche Natur übertragen? Einer der wichtigsten Aspekte dieser Theorie ist die Vorstellung, dass unsere Modelle von der Welt *notwendigerweise* aus den Mustern erschaffen werden, die unser Gehirn aufgrund von Erfahrungen angenommen hat.* Mit anderen Worten: Wir sehen jede neue Erfahrung durch die Brille unserer Vergangenheit.

Kombinieren wir die elementare evolutionäre Auffassung, dass Verhaltensweisen immer einen dem Leben dienenden Zweck haben (auch wenn sie durcheinandergeraten können), mit der Vorstellung vom Gehirn als einer Modelle bildenden Maschine, dann bekommen wir folgendes Bild von der menschlichen Natur: Wir Menschen wollen immer Entscheidungen treffen, die dem Leben dienen und zu so wenig Leid wie möglich führen – auch wenn wir gewöhnlich nicht wissen, wie das geht. Stattdessen handeln wir, nach bestem Gewissen, und zwar auf der Grundlage unserer unvollkommenen Modelle darüber, wie die Welt funktioniert.

Falls du die Schönheit dieses Dilemmas zu sehen vermagst – die Schönheit in einer Kreatur, die sich ehrlich wünscht, wir könnten alle glücklich sein, aber keine Vorstellung davon hat, wie sie es anstellen soll –, dann kommt das Mitgefühl ganz von selbst. Kannst du, ganz egal, was du gerade bereust, sehen, dass du versucht hast, ein Bedürfnis

---

* Es stimmt, dass manche Modelle vererbt sind, aber diese sind dann als wichtige Muster zu betrachten, die die Gehirne unserer Vorfahren aufgenommen haben.

damit zu stillen? Denk an dich selbst, an die Situation zurück, in der du damals warst. Hättest du so gehandelt, wenn du gewusst hättest, wie du deinen Bedürfnissen gerecht geworden wärst, als du etwas Unangenehmes vermeiden oder Bestimmtes erreichen wolltest? Falls die Antwort Ja lautet, dann sag dir doch mal: »Genau wie jeder andere möchte ich für jeden Menschen in meinem Leben weniger Leid und mehr Wohlbefinden schaffen. Wie jeder andere weiß ich nicht immer, wie das geht.« Wie fühlt es sich an, das zu sagen? Kannst du die Schönheit in unseren Mängeln und Fehlern sehen?

IN DER PRAXIS UMSETZEN

In einem schwierigen Moment kann diese Sichtweise ein echter Lebensretter sein. Während ich dies schreibe, ist meine Frau Annie gerade erst wieder nach Hause gekommen, nachdem eine weitere spätabendliche Fahrt zur Notaufnahme zu einem einwöchigen Krankenhausaufenthalt geführt hatte. Die ganze letzte Woche habe ich mich tagsüber im Krankenhaus um sie gekümmert, während sie an qualvollen Schmerzen litt, und mich dann durch den Verkehr gekämpft, um mich zu Hause um unseren Sohn zu kümmern, ihn mit Essen zu versorgen und abends ins Bett zu bringen. Tagtäglich bin ich an meine Grenzen gekommen und habe zugleich das Gefühl gehabt, die Menschen, die ich am meisten liebe, nicht vor ihrem Schmerz schützen zu können. Kurz, meine Woche war ziemlich beschissen.

Jetzt, in diesem Augenblick, kann ich das Trauma im Körper spüren. Ich halte inne mit allem, was ich gerade zu tun versuche. Ich höre auf zu schreiben und gebe mir die Erlaubnis, mein ständiges Wollen loszulassen. Ich höre auf, Glück, Wohlbefinden und ein wunderbares Buch schreiben zu wollen, das ich mit dir teilen kann. Ich finde Halt in diesem Augenblick, genau so, wie er ist. In diesem Augenblick fühle ich mich miserabel. Ich bin erschöpft und am ganzen Leib angespannt, ich schaue mürrisch drein und bin nach dieser ungeplanten Unterbrechung von einer Woche ziemlich im Rückstand mit dem Schreiben. So ist es. So ist es jetzt, in diesem Augenblick. Das muss mir nicht gefallen. Ich muss die Realität akzeptieren und mich ihr stellen.

Mein Atem wird langsamer, und ich beobachte die körperlichen Leiden genauer – die Schwere im Herzen und das Unwohlsein im Bauch. Mit ein bisschen Mut nehme ich sie wahr, obwohl ich keine Lust dazu habe. Ich sage mir: »Was immer du jetzt fühlst – es ist völlig in Ordnung.« Sofort steigt Widerstand in mir hoch und eine Stimme, die nur eines will: sich nicht mehr so beschissen fühlen.

Genau in dem Moment vergegenwärtige ich mir die oben erwähnte Theorie von der menschlichen Natur. Da ist die Stimme, die vor dem Schmerz davonlaufen will und von der viele Meditationslehrer sagen, dass wir sie ignorieren sollen. Ich wende dieser Stimme meine volle Aufmerksamkeit zu und sage zu ihr: »Ich weiß, dass du nicht leiden willst. Du willst einfach nur Leichtigkeit und Sicherheit. Diese wunderbare Eigenschaft teilst du mit allen Lebewesen. Ich wünsche dir das auch und bin hier, um zu helfen.« Die Worte meine ich ernst.

Die Stimme in mir ist besänftigt und hegt jetzt ein bisschen Vertrauen. Ich wende meine Aufmerksamkeit wieder dem Schmerz im Körper zu und lade ihn ausdrücklich ein, so stark zu sein, wie er will. Ich spreche meine Anspannung direkt an: »Ich sehe, dass du leidest, und bin für dich da. Ich möchte dir zuhören.« Mein Atem wird immer langsamer und tiefer, während sich die Spannung langsam auflöst.

Manchmal drifte ich in Gedanken ab, bis mich der Spannungsknoten im Kiefer wieder zurückholt. Ich kehre zu meiner Übung zurück, ohne mich für die Ablenkung zu schämen. Stattdessen erkenne ich an, dass es einen Schmerz in mir gibt, der meine Fürsorge und Aufmerksamkeit braucht, und widme mich ihm wieder. Ich sage mir: »Du würdest dir wünschen, die Menschen, die du liebst, vor jeder Verletzung beschützen zu können. Dieser Impuls in dir ist wunderschön. Aber du kannst sie nicht beschützen, und das tut weh. Ich sehe die Liebe in dir.«

Während ich die Schönheit in meinem Schmerz anerkenne, verwandelt er sich. Ich fühle mich leichter, die mürrische Miene ist verschwunden, stattdessen ist da schon fast ein Lächeln. Ich konzentriere mich noch stärker auf jeden Atemzug und auf alle meine Sinne in diesem jetzigen Augenblick. Während ich mein Begehren und den Schmerz willkommen heiße, werden sie immer feiner, und ich kann noch tiefer loslassen. Schließlich entspannt sich mein Kiefer, mein Herz fühlt sich leicht an, und ich bin in mir wieder zu Hause. Am Ende spüre ich eine unglaubliche Dankbarkeit für alles Positive in meinem Leben.

KAPITEL 5

WIE BLEIBT MAN MENSCHLICH, WENN LEUTE EINEN SO RICHTIG NERVEN

Liebhaben von Mensch zu Mensch:
das ist vielleicht das Schwerste, was uns aufgegeben ist,
das Äußerste, die letzte Probe und Prüfung, die Arbeit,
für die alle andere Arbeit nur Vorbereitung ist.
RAINER MARIA RILKE

Die Menschen haben größtenteils ziemlich viel Mühe, miteinander klarzukommen. Ob es sich um zwei handelt, die sich lieben, aber nicht aufhören können, sich gegenseitig zu verletzen, oder um Tausende, die versuchen, eine soziale Bewegung aufzubauen, sich aber in nichts einigen können – eigentlich sollte es doch nicht so schwer sein. Ist es aber.

Dafür gibt es einen Haufen Gründe. Die meisten lassen sich auf die Art und Weise zurückführen, wie wir Bedrohungen wahrnehmen. Wenn du zum Beispiel in Sicherheit bist und dich gerade richtig wohlfühlst, kommen dir die Menschen für gewöhnlich nett vor. Wenn du allerdings an Angst leidest, gibt es genau zwei Kategorien von Menschen: (1) die, die genau das tun, was du willst, und (2) die unwürdigen Feinde, die du verabscheust.

Mit anderen Worten: Wenn mein Blut mit Kortisol und weiteren Hormonen angefüllt ist, die in einer Notsituation ausgeschüttet werden, wird mich keiner so schnell überzeugen können, dass du kein Arschloch bist, es sei denn, du tust genau, was ich will. In dem Zustand ist es viel schwieriger, einen Konflikt zu lösen, weil wir kaum noch kompromissfähig sind. Wenn wir uns jetzt erst mal dem eigenen Leiden widmen, es bewusst erkennen und transformieren, ist es im Nachgang mit Sicherheit leichter, eine Lösung für den Konflikt zu finden.

DER SCHLIMMSTE
TROMMELKREIS ÜBERHAUPT

Während der Occupy-Wall-Street-Proteste fand an einem Ende des Zuccotti Parks ein fast durchgängiges Trommel-Happening statt. Ich war nicht der Einzige, der diesen Trommelkreis hasste. Die Leute in der Nachbarschaft beklagten sich ständig über den Lärm, und jene, die versuchten, im Park Veranstaltungen oder Diskussionen abzuhalten, konnten einander kaum verstehen. Trotzdem weigerten sich die Trommler aufzuhören.

Schließlich veranstalteten wir ein Mediationstreffen in einem nahe gelegenen Café, anwesend ein Vertreter der Nachbarschaft, einer der Organisatoren des Protests und einer der Trommler. Ich wurde als einer von zwei Mediatoren dazugebeten. Der Vertreter der Trommler hieß Jim. Er erklärte, dass viele der Leute im Trommelkreis schon lange vor Beginn der Proteste in New York obdachlos gewesen waren und es überhaupt nicht gern sahen, dass Leute von außerhalb kamen und ihnen sagten, wie sie zu tun oder zu lassen hatten.

Als die Vertreterin der Nachbarschaft erklärte, ihre Kinder hätten wegen der Trommeln Mühe, ihre Hausaufgaben zu machen, schrie Jim sie an. Er sagte, sie wäre ein »Kollateralschaden«, sie würde versuchen, ihn zu unterdrücken, und für sie gäbe es keinen Platz in der Revolution. Als der Vertreter der Organisatoren fand, dass es auch für sie einen Platz geben sollte, sie wäre schließlich Teil der 99 Prozent, schrie Jim, die 99 Prozent wären ihm schnurzegal, ihm ginge es um seine eigene Revolution.

Für mich zeigte dieser Austausch im Kleinen genau das, was in sozialen Bewegungen so oft schiefläuft. Von außen betrachtet, hätten diese Menschen doch natürliche Verbündete sein sollen: ein Obdachloser mit revolutionärer

Veranlagung und eine Gruppe von Leuten, die die ökonomische Ungleichheit aus der Welt schaffen wollen. Doch trotz all dem, was sie miteinander gemein hatten, gingen sie sich hier an die Gurgel, und der emotional Instabilste dominierte die Diskussion.

Während Jim so herumzeterte, begannen die anderen Café-Besucher das Café zu verlassen, und der Betreiber war kurz davor, uns rauszuschmeißen. Ich hätte Jim am liebsten angeschrien, er sollte endlich die Klappe halten, und hatte keine große Hoffnung, dass dieses Gespräch auch nur irgendwas lösen würde. Ich war wütend auf Jim und hatte Angst, er könnte die harte Arbeit all der anderen Leute zum Scheitern bringen. Ich konnte nicht anders: Ich sah ihn als meinen Feind.

Doch war ich hier schließlich als Mediator dabei. Ich fragte mich: »Kann ich das hier leisten, oder soll ich lieber aufgeben und gehen?« Frustriert und von Gefühlen überwältigt, ging ich innerlich auf Abstand und konzentrierte mich auf meine Körperempfindungen. Ich erkannte sofort das Gefühl intensiver Trauer in meinem Gesicht und meiner Brust. Ich sagte mir: »Du willst nur, dass die Leute miteinander klarkommen, und dieser Impuls ist wunderschön. Du willst wirklich, dass diese Demonstrationen erfolgreich sind, und hast Angst, dass du nicht helfen kannst. Und das tut weh.« Ich nahm mir eine Minute oder so Zeit, um diese Trauer zu spüren und meinen Drang loszulassen, das Gespräch zu kontrollieren. Das Ganze hier konnte scheitern, ich musste das akzeptieren, egal, wie sehr ich mir ein bestimmtes Ergebnis wünschte.

Es ist nichts Defätistisches daran, wenn du erkennst, dass du andere Leute nicht kontrollieren kannst. Es ist einfach die Realität. Sosehr ich auch wollte, dass diese Mediation erfolgreich ausging – es sah nicht danach aus. Genau das hatte ich vorher nicht wahrhaben wollen, und dieses

Nicht-wahrhaben-Wollen hatte meine Wut angefeuert. Nachdem ich mein Leiden anerkannt hatte, konnte ich die Lage klarer einschätzen.

Als ich mein Gefühl der Hilflosigkeit willkommen hieß, gelang es mir, Jim plötzlich mit anderen Augen zu sehen. Sein heftiges Benehmen hatte sich bedrohlich angefühlt, solange ich noch versucht hatte, das Gespräch unter Kontrolle zu halten. Indem ich die Kontrolle losließ, konnte ich ihn als den sehen, der er war: jemand, der lange Zeit wie der letzte Dreck behandelt worden war. Ich konnte den Schmerz und die Angst in seinen Augen sehen, und mein Herz öffnete sich für ihn.

Ich sah Jim mit einem ganz anderen Ausdruck im Gesicht an als vorher und sprach seinen Namen leise aus. Ich sagte: »Ich weiß nicht, wie es den anderen geht, aber ich bin froh, dass es dir so wichtig ist, die Welt zu verbessern und mit Respekt behandelt zu werden. Egal, was wir hier machen – ich möchte, dass wir dafür sorgen, dass es damit anfängt: dass wir die Welt verbessern und sicherstellen, dass Jim und die Trommler *voll und ganz respektiert* werden.« Die anderen Teilnehmer des Gesprächs nickten ängstlich und schauten Jim an. Er lächelte und sah plötzlich aus wie ein verängstigtes Kind, aber auch er nickte. Der allgemeine Gesprächston änderte sich, und eine Woche später war es möglich, die Absprache zu treffen, dass die Trommler zwei Stunden pro Tag im Park spielen und den Rest des Tages in der Stadt herumziehen würden.

DREI ARTEN, MIT KONFLIKTEN UMZUGEHEN

Obwohl wir den Konflikt am Ende gut aufgelöst hatten, ist ein Teil von mir genervt, wie viel Zeit und Energie so etwas kostet. Diese Stimme in mir klingt ungefähr so: »Wenn die

Leute nicht so blöd und gemein wären, könnten wir uns komplett auf die eigentliche Arbeit konzentrieren, statt so viel Zeit damit zu vertun, über ihren ganzen persönlichen Quatsch zu reden.« Ich denke, die meisten Leute kennen diesen Frust.

Doch so lästig es auch manchmal sein mag – Konfliktlösung ist unglaublich wichtig, vor allem weil die Alternativen übel sind. Meiner Meinung nach gibt es im Wesentlichen drei Möglichkeiten, mit Auseinandersetzungen umzugehen: (1) Isolation, (2) Dominanz und (3) Dialog.

Bindungen werden nie konfliktfrei sein. Wenn sich also etwas zusammenbraut, ist unser erster Impuls abzuhauen. Ich habe viele Jobs, Gruppen, Beziehungen usw. verlassen und bin auch meist froh darüber. Wenn wir aber keine andere Reaktionsmöglichkeit auf einen Konflikt haben als diese, sind wir am Ende ganz schön isoliert.

Die nächste Option ist die Siegermentalität, wo einer dominiert und der andere sich unterwirft. Manchmal entscheidet ein Kampf darüber, wer gewinnt, manchmal nehmen Leute aber auch ganz automatisch die Rolle als immer Dominierende oder immer sich Unterwerfende ein. Egal wie, bei einem solchen Umgang mit Konflikten ist es in der Regel so, dass die Bedürfnisse des Gewinners zählen, die des Verlierers nicht.

Die dritte, besonders chaotische Variante ist der Dialog. Hier gehen wir eine Streitsituation mit dem Ziel an, die Bedürfnisse *jeder beteiligten Person* zu berücksichtigen. Wir versuchen, allen Anliegen gerecht zu werden, auch wenn es uns vielleicht nicht gelingt. Für mich ist das entscheidende Merkmal des Dialogs, dass (bestenfalls) alle auf derselben Seite stehen. Wir versuchen gemeinsam herauszufinden, wie wir so vielen Bedürfnissen wie möglich gerecht werden können. Dabei kämpfe ich nicht um die Erfüllung meiner Bedürfnisse und du nicht um deine. Nein, wir arbeiten gemeinsam daran, eine Lösung zu finden, die möglichst viele von unseren *kollektiven Bedürfnissen* erfüllt.

Das klingt vielleicht unrealistisch, ist es aber nicht. Tatsächlich können wir mit ein bisschen Übung lernen, wie sich diese Art von Verbindung selbst mit Leuten finden lässt, die entsetzlich schlechte Kommunikatoren sind. Es ist schwer und funktioniert auch nicht immer, aber erfahrungsgemäß ist da viel mehr Luft nach oben, als man für möglich halten würde.

ZWEI GEFÄHRLICHE GIFTE: KRITIK UND FORDERUNG

Wenn wir streiten, hören wir meist auf, Menschlichkeit in unserem Gegenüber zu sehen. Stattdessen wird der andere zu einem Hindernis, einem Tyrannen oder schlicht zu irgendetwas Lästigem, das wir loswerden wollen. Was wäre aber, wenn wir mitten in einem Konflikt menschlich – und in Verbindung – bleiben könnten? Was, wenn wir sehen könnten, dass die andere Person versucht, genau wie wir Schmerz zu vermeiden und ihre Bedürfnisse zu stillen? Was, wenn wir das Wohlbefinden unseres Gegenübers wertschätzen könnten, ohne uns dabei *in irgendeiner Weise weniger* für unser eigenes einzusetzen? Mit anderen Worten: Auch dann, wenn wir keine Ahnung hätten, wie wir das Problem lösen sollten, würden wir immerhin sehen, dass die Bedürfnisse beider eine Rolle spielen.

Das ist für mich das Wesen des Dialogs. Wir werden nicht immer den Wünschen aller entsprechen und auch nicht jedes Problem lösen können. Wir können aber im Umgang mit Konflikten darauf achten, dass die Bedürfnisse aller Beachtung finden. Daher besteht bei einem Konflikt das eigentliche Ziel darin, die Interessen jeder einzelnen Person gleich zu bewerten. Wenn ich das Gefühl habe, dass du meine Bedürfnisse genauso wichtig nimmst wie deine eigenen, dann kann ich es ertragen, dass sich meine Bedürfnisse (vermutlich) nicht komplett erfüllen lassen werden.

Leider gibt es zwei große Hindernisse – zwei gefährliche Gifte –, die sich dieser Art Dialog in den Weg stellen: *Kritik* und *Forderung*. Mit *Kritik* ist jede negative Beurteilung des anderen (oder von einem selbst) gemeint. Ungerechte Kritik ist ein Gift, komplett gerechtfertigte mindestens ebenso schlimm. Es spielt keine Rolle, ob du mit deiner Kritik den Nagel auf den Kopf triffst, weil sie in jedem Fall die Möglichkeit zu einem echten Dialog zunichtemacht.

Die Alternative zu Kritik besteht nicht darin, ein Scheintoter ohne jegliche Bedürfnisse zu sein, sondern zu erkennen, dass die Energie, die hinter deiner Kritik steht, von einem unerfüllten Bedürfnis herrührt. Dialog ist nur dann möglich, wenn du dich auf dieses Bedürfnis fokussieren kannst anstatt auf die Tatsache, dass der andere ein Arschloch ist, weil er es nicht bereits erfüllt hat. Echter Dialog entsteht, wenn die Belange beider berücksichtigt werden. Wenn wir sagen, dass Kritik den Dialog zerstört, heißt das nicht, wir sollten unsere eigenen Bedürfnisse ignorieren oder kleiner machen, als sie sind, denn das wäre nicht Dialog, sondern Unterwerfung.

Kritik ist zum Teil absolut gerechtfertigt, aber gleichzeitig auch tragisch, und zwar, weil hinter jeder Kritik folgende Wahrheit steckt: »Ich hasse es, dass du dich verhältst, als wären meine Bedürfnisse unwichtig.« Äußern wir dies in Form von Kritik, wird unser Gegenüber umso weniger wahrscheinlich die Schönheit in unseren Bedürfnissen erkennen.

Stell dir vor, du hast irgendetwas gemacht, das ein Arbeitskollege für respektlos hält, ganz egal, ob es sich um ein Missverständnis handelt oder ob du dich wirklich wie ein Idiot verhalten hast. Stell dir vor, wie du reagierst, wenn der andere mit verächtlichem Gesichtsausdruck »Arschloch« zu dir sagt. Und jetzt stell dir vor, er würde stattdessen zu dir sagen: »Ich möchte gern, dass du mich respektierst, aber das Gefühl habe ich im Moment nicht. Kannst du mir helfen zu verstehen, warum du das gemacht hast?« Im zweiten Beispiel drückt er sein Bedürfnis direkt aus. Das garantiert zwar nicht, dass du als sein Gegenüber positiv reagieren wirst, macht es aber sehr viel wahrscheinlicher.

Das zweite Gift für den Dialog ist die *Forderung*, was so viel heißt wie: Du bittest um irgendetwas Konkretes, und wenn der andere deiner Bitte nicht nachkommt, führt das für ihn zu Konsequenzen. Forderungen sind aus einem anderen Grund tragisch. Wenn wir um etwas bitten, fänden wir es bestimmt schöner, der andere würde es uns aus freiem Willen erfüllen. Bitte ich meinen Freund darum, mich vom Flughafen abzuholen, und er rollt mit den Augen und stimmt mit gequältem Gesichtsausdruck zu, fühlt sich das ziemlich blöd an. Es wäre mir mit Sicherheit lieber, wenn er sich freuen und sagen würde: »Na klar. Mach ich doch gern.«

Wenn wir etwas von jemandem fordern, machen wir es ihm praktisch unmöglich, freudig zu reagieren. Er kann unserem Druck nachgeben oder Nein sagen. Egal wie, auf eine Forderung hin wird das von uns bevorzugte Ergebnis nicht eintreten.

Genau wie bei der Kritik steckt hinter jeder Forderung ein unerfülltes Bedürfnis. Stell dir vor, ich würde zu dir sagen: »Ich hab dich dreimal vom Flughafen abgeholt und du mich kein einziges Mal.« Offensichtlich will ich abgeholt werden, aber worauf hoffe ich eigentlich? Tief drinnen möchte ich, dass du mich gern abholst. Aber ich habe Angst, dass dies nicht der Fall ist, und fürchte, dass ich dich nur durch eine Drohung dazu kriege. »Wenn du mich nicht fährst, bist du ein schlechter Mensch und ein schlechter Freund, und dafür wirst du bezahlen.«

Wir können Forderungen vermeiden, indem wir es unserem Gegenüber so leicht wie möglich machen, Nein zu sagen. Ich könnte zum Beispiel vorschlagen: »Es gibt viele Möglichkeiten für mich, von zu Hause zum Flughafen zu gelangen, aber am schönsten fände ich es, wenn du mich hinbringen würdest.« Ich gebe dir die Gelegenheit, mir das Leben zu erleichtern, und lasse dich wissen, dass mir eine Fahrt mit dir am liebsten wäre. Damit sage ich dir auch: »Tu es nicht aus Angst, ich könnte dich verurteilen, wenn du es nicht tust. Mach es nur, wenn es dir Spaß macht.«

Wir fürchten, andere könnten nur etwas für uns tun, weil sie dann umgekehrt etwas dafür bekommen oder Angst vor negativen Konsequenzen haben. Aber das ist Quatsch. Wir müssen lernen, die Schönheit in unseren eigenen und in ihren Bedürfnissen zu sehen, wenn wir möchten, dass andere uns gern mit irgendetwas zur Seite stehen. Das ist das ganze Geheimnis. Wenn du glaubst, deine Bedürfnisse wären nur eine Last, wird es für dein Gegenüber schwierig, das anders zu sehen. Bittest du aber in dem Vertrauen, dass die Bedürfnisse beider Seiten kostbar und wertvoll sind, wirst du viel eher die gewünschte Reaktion bekommen.

Der Schlüssel zu beiden Giften – Kritik und Forderung – ist die Einsicht, dass dahinter immer ein nicht erfülltes Bedürfnis steht. Wenn du dich selbst dabei ertappst, dass du Dinge forderst oder dich beziehungsweise jemand anderen kritisieren willst, dann halte nach dem unerfüllten Bedürfnis Ausschau. Und hast du es gefunden, versuche die Schönheit darin zu sehen. Mit dieser Erkenntnis kannst du dann leichter kommunizieren.

Mein einschneidendstes Erlebnis in dieser Hinsicht hatte ich, als ich Annie im Panhandle im Golden Gate Park einen Heiratsantrag machte. Wir gingen spazieren und ich las ihr ein Gedicht vor, das ich selbst geschrieben hatte, als ich auf die Knie ging und sie fragte. Sie antwortete nur: »Danke.«

Ich wusste nicht so genau, was »Danke« hieß, aber ein Ja war es nicht, wie sich nach einer kurzen Diskussion herausstellte. Es war eher so was wie »Jetzt nicht, vielleicht später«. Damals wohnten wir in einem Zwei-Raum-Wohnwagen im Zentrum für Umweltbildung, wo sie arbeitete. Ich kann nur sagen: Die Wochen danach waren kein Spaziergang.

Ich war völlig untröstlich. Ich hatte mich komplett geoutet und war abgewiesen worden. Jetzt fragte ich sie ständig, was sie brauchte, um sich klar zu werden, ob sie mich heiraten wollte, aber sie konnte es nicht sagen. Je länger das so ging, desto hartnäckiger forderte ich Klarheit. Ich sagte zum Beispiel: »Wenn du es nicht weißt, dann nimm dir bitte die Zeit und den Raum und finde es heraus.« Ich war verzweifelt und fühlte mich hilflos. Das ging etwa sechs Monate so weiter. Ich machte Druck, sie entzog sich und wich aus.

Schließlich sagte sie: »Je mehr Druck ich von dir spüre, desto weniger kann ich deine Fragen beantworten. Ich würde ja gern, aber ich will nicht das Gefühl haben, es nur zu tun, weil du mich dazu zwingst.« Das machte mich total wütend. Ich litt so sehr und wollte doch bloß ein bisschen Klarheit.

Aus meiner Sicht hatte ich versucht, sie wissen zu lassen, wie sehr ihre Unklarheit mich verletzte, aber für sie fühlte sich das ganz anders an. Sie erlebte mich als fordernd, und das machte unsere Verbindung kaputt. Also nahm ich mir Zeit zum Nachdenken und überlegte, wie ich meine Bedürfnisse deutlich zum Ausdruck bringen könnte.

Zuallererst musste ich mir dieser Bedürfnisse klar werden. Dazu nutzte ich folgendes Gedankenexperiment: Ich fragte mich, was ich tun würde, wenn ich magische Kräfte und die komplette Kontrolle über die Situation hätte. Dabei kam heraus, dass ich mir wünschte, Annie würde mir von ihren Sorgen erzählen und wir könnten sie gemeinsam durchgehen. Dann fragte ich mich, warum sich diese Vorstellung so gut anfühlte, welches Bedürfnis mir das also erfüllen würde. Als Wichtigstes kam dabei heraus: Verbundenheit. Ich würde mich ihr näher und in der Beziehung geborgener fühlen. Klarheit würde sich zwar auch gut anfühlen, wäre aber nur von zweitrangiger Bedeutung. Vor allem wollte ich mich in unserer Verbundenheit sicherer fühlen.

Nun musste ich einen Weg finden, meinen Wunsch so zu äußern, dass ich zugleich auch Annies Bedürfnis nach Autonomie respektierte. Ich tat mein Bestes. Und zwar in etwa so: »Ich hab Angst, unsere Beziehung zu verlieren, und weiß nicht, wie ich dir das sagen soll, ohne dass du dich eingeengt fühlst.« Sie antwortete, auch sie hätte wirklich Angst, die Beziehung zu verlieren. Als ich das hörte, hätte ich am liebsten geschrien: »Dann finde doch endlich heraus, was du brauchst, und sag es mir.« Ich musste alle Kraft aufbringen, um mich zurückzuhalten. Ich wollte, dass sie die Schönheit in meinen Bedürfnissen erkannte und sich frei genug fühlte, auf ihre Weise zu reagieren. Daher erwiderte ich: »Uns beiden ist unsere Beziehung wichtig, und wir haben beide Angst, sie zu verlieren.« Dabei beließ ich es. Dies war das Grundbedürfnis hinter meiner Forderung, und ich hatte es nun endlich so ausgedrückt, dass unser beider Bedürfnisse (meines nach Verbundenheit und ihres nach Verbundenheit und Autonomie) offen auf dem Tisch lagen.

In der darauffolgenden Woche achtete ich darauf, nicht zu sagen, was sie tun sollte. Ich konnte endlich sehen, wie schön und kostbar ihr Bedürfnis nach Autonomie war. Ich will nicht in einer Beziehung leben, in der meine Partnerin sich von mir manipuliert fühlt (und mir womöglich grollt). Sie soll sich ganz frei fühlen und sie selbst sein können.

80   Kapitel 5

Wann immer ich mich verunsichert fühlte, sagte ich daher, ihr Bedürfnis nach Autonomie wäre mir ebenso wichtig wie mein Bedürfnis nach Verbundenheit und Klarheit.

Bis zum Ende derselben Woche konnte sie drei Dinge benennen, die ihr konkret Angst vor der Ehe machten. Wir redeten offen miteinander und beschlossen zu heiraten. Jetzt machte ich ihr noch mal einen Antrag und bekam ein echtes »Ja«. Ich bin so dankbar, dass wir in der Lage waren, die Bedürfnisse von uns beiden ernst zu nehmen.

Diese Geschichte zeigt, dass es bei Forderungen und Kritik nicht einfach nur um das geht, was der Betreffende sagt. Es geht fast noch mehr um das, was der andere hört. Manche Menschen sind so gute Kommunikatoren, dass sie das Bedürfnis hören können, das hinter dem Gesagten steht. Ich könnte schreien: »Geh zum Teufel!«, und sie würden antworten: »Ich möchte, dass du dich respektiert fühlst. Was kann ich tun, damit das der Fall ist?« Andere wiederum hören nur Kritik und Forderungen, ganz egal, was du zu ihnen sagst. Auf ein »Ich freue mich ja so, dass du es geschafft hast, zu der Party zu kommen« werden sie dann womöglich mit einem »Ich kann jederzeit gehen, du brauchst es nur zu sagen« reagieren.

Die meisten sogenannten »Kommunikationstechniken« finde ich ziemlich schräg, wenn sie im echten Leben angewendet werden. Die folgende aber ist wirklich großartig.

Die beste Kommunikationstechnik aller Zeiten
TEIL EINS

- Nimm dir immer dann, wenn es mit der Kommunikation nicht funktioniert, eine Minute Zeit und überleg, ob du gerade Kritik einsetzt oder eine Forderungshaltung einnimmst.
- Falls ja, überleg, welches unerfüllte Bedürfnis dahintersteht. Benenne es still, nur für dich.

- Versuch dir vorzustellen, dass dir dein Gegenüber dein Bedürfnis gerne freiwillig und auf seine ganz eigene Art und Weise erfüllen würde.
- Versuch, dein Bedürfnis direkt und frei von Kritik oder Forderungen auszudrücken.

TEIL ZWEI

- Sag, falls der andere immer noch negativ reagiert:
  - » »Ich fürchte, ich drücke mich nicht sehr klar aus. Kannst du mir sagen, wie das, was ich sage, für dich klingt?« Der Trick ist, dass du das auch dann sagst, wenn du dich ganz klar ausgedrückt hast. Du klingst damit nicht herablassend und hilfst der anderen Person, sich wohlzufühlen, wenn sie dir sagt, wie sie es gehört hat.
  - » Sie wird dir sagen, nach welcher Kritik oder Forderung es für sie geklungen hat, ganz egal, ob es tatsächlich auf einer nonverbalen Botschaft von deiner Seite oder zu 100 Prozent auf ihrer eigenen Projektion beruht.
  - » Du sagst: »Es tut mir leid, wenn das so klingt. Ich fürchte, ich kann mich gerade nicht gut ausdrücken. Was ich sagen will, ist ... [und jetzt erklär dein Bedürfnis ganz genau]. Klingt das jetzt anders? Wie hat es jetzt für dich geklungen?«
  - » Versuch das so lange, bis dein Bedürfnis für dein Gegenüber kritikfrei und forderungslos rüberkommt.
- Ganz ehrlich? Das funktioniert einwandfrei.

Du sagst, ich soll mich erst auf meinen eigenen Schmerz konzentrieren. Meinst du damit, dass ich warten muss, bis ich ganz im Frieden und erleuchtet bin, bevor ich einen Konflikt anspreche? Das wäre ja ganz schön blöd.
Nein, das wäre völliger Quatsch. Was ich meine, ist ziemlich schlau. *Manchmal* stürzen wir uns kopfüber in einen Konflikt und schlagen uns (emotional) gegenseitig ins Gesicht. Wir haben nur eine begrenzte Kapazität, Schmerz auszuhalten. Bei allem, was darüber hinausgeht, können wir nicht mehr sinnvoll oder hilfreich handeln. Vielleicht kannst du ja gut mit explosiven Konflikten umgehen und gerätst nie so außer dir, dass du (emotional) anfängst, auf jeden, der in Reichweite ist, einzudreschen. Das wäre natürlich ganz toll.

Mir geht es aber hier um die, die in Konflikten *emotional reagieren* und mehr Schaden anrichten als nötig. Wir müssen wissen, wo unsere Grenzen sind, und erkennen, dass es hin und wieder sinnvoll ist, sich vorübergehend abzukoppeln. Das tun wir nicht, um unser Gegenüber zu bestrafen oder dem Konflikt auszuweichen, sondern um den Schmerz in unserem Körper willkommen zu heißen und zu transformieren, damit wir mit mehr Abstand in den Konflikt zurückkehren und eine positive Lösung finden können.

Das heißt nicht, dass wir so lange warten sollten, bis wir komplett friedlich sind. Ich weiß nicht mal, was das eigentlich heißen soll. Es gibt zwar tibetische Mönche, die in einen so tiefen Zustand des Friedens eintauchen können, dass du neben ihrem Kopf ein Gewehr abfeuern könntest, ohne dass sie sich erschrecken. Aber ich müsste ein völliger Idiot sein, wenn ich das für den einzigen Zustand halten würde, aus dem heraus Konfliktlösung möglich wäre. Nein, aber wir können ruhig genug werden, um menschlich zu bleiben. Ich hoffe, die Übungen in diesem Buch können dir dabei helfen.

Mein Lehrer Thich Nhat Hanh lehrte eine Übung, die sich *The Peace Treaty* (Der Friedensvertrag) nannte. Er riet, dass wir, sobald wir merken, dass wir auf jemanden wütend sind, es dem anderen innerhalb von 24 Stunden sagen. Und zwar ungefähr so: »Irgendwas hat mir gerade wehgetan. Es hat irgendwas mit unserer Beziehung zu tun, aber ich bin noch zu unklar und weiß nicht genau, was. In den nächsten Tagen werde ich mich vor allem mit diesem Schmerz beschäftigen. Sobald ich ein bisschen Klarheit habe, würde ich gern mit dir sprechen.« Mir gelingt das zwar nicht immer, aber wenn ja, dann funktioniert es richtig gut.

In meinem Leben gibt es ein paar Leute, die mir nicht guttun. Meinst du, ich soll sie dazu bringen, die Schönheit in meinen Bedürfnissen zu sehen?

Nein. Es gibt immer die Möglichkeit, eine Beziehung zu beenden. Manchmal ist das sogar viel besser, als zu reden. Außerdem gibt es meiner Meinung nach Situationen, in denen die »Der Gewinner kriegt alles«-Option (d. h. entweder die Kontrolle zu übernehmen oder nachzugeben) sinnvoller ist als der Dialog. Abgesehen davon gibt es Zeiten, in denen es sich wirklich lohnt, mit Leuten, die einem nicht guttun, in den Dialog zu gehen. Keiner ist gemein, weil er glücklich wäre. Die schwierigen Leute in deinem Leben handeln auf eine bestimmte Weise, weil sie leiden. Vergiss nicht, auch Orks sind bloß gequälte Elfen.

Das entschuldigt aber nicht ihr Verhalten. Es kann höchstens den Anfang für einen Kontakt schaffen. Wenn ich glaube, dass jemand irgendetwas nur macht, um mich zu ärgern, werde ich kaum in der Lage sein, seine Menschlichkeit zu sehen. Wenn ich dagegen wahrnehme, dass er leidet und eigentlich glücklich sein möchte, aber keine Ahnung hat, wie er das anstellen soll, kann ich vielleicht eine Verbindung zu ihm herstellen.

84   Kapitel 5

Je destruktiver jemand handelt, umso größer ist das Bedürfnis, das er zu stillen versucht. Schreit er rum, wirft mit Möbeln um sich oder erfindet neue Schimpfwörter, heißt das nur, dass ihn ein existenzielles Bedürfnis antreibt. Er reagiert auf irgendetwas, das sich für ihn wie eine ernsthafte Bedrohung für seine physische Sicherheit oder sein allgemeines Selbstwertgefühl anfühlt. Wenn du ihm seine Reaktion klarmachst, indem du so etwas sagst wie »Ich kann sehen, dass du dich einfach nur verstanden fühlen möchtest«, dann wirst du staunen, wie schnell so jemand auch wieder deeskalieren kann. Ich habe das mit Leuten gemacht, die mitten in einer Psychose steckten, und bin auf gute Resonanz gestoßen.

Es kommt mir so vor, als gäbe es in unserer Beziehung nicht genug Konflikte. Wir haben nur diesen ganzen schwelenden Groll, über den wir nie sprechen.
Ist das ein Problem?
Aber sicher. Nicht ausgesprochene Kritik oder Forderungen sind oft noch schädlicher als Schreiduelle. In beiden Fällen geht es um dieselbe Übung. Du erkennst die Kritik oder Forderungen an, die (auch wenn sie unausgesprochen bleiben) in deiner Beziehung vorhanden sind, und benennst sie. Dann suchst du nach den ungestillten Bedürfnissen, die dahinterliegen. Und schließlich drückst du deine Bedürfnisse direkt aus und ermutigst dein Gegenüber, dasselbe zu tun. Kritik und Forderungen sind eigentlich etwas Großartiges, weil sie unsere Aufmerksamkeit auf die ungestillten Bedürfnisse lenken, die wir angehen sollten.

Gut, das habe ich versucht. Ich habe meine Bedürfnisse erklärt, und mein Partner schien sie zu verstehen. Zugleich merke ich deutlich, dass er ungestillte Bedürfnisse hat, über die er sich weigert zu reden. Wie gehe ich damit um?

Es gibt da so etwas, das sich *empathische Vermutung* nennt. Der erste Teil besteht darin, dass du deinem Partner auf eine möglichst objektive, wertfreie Art mitteilst, was du an ihm beobachtet hast. Zum Beispiel: »Ich habe das Gefühl, du kannst mein Bedürfnis nach Intimität wirklich nachvollziehen. Aber wenn wir darüber sprechen, ist da *so etwas an deinem Gesichtsausdruck*, das ich nicht verstehe.« Du kannst es beschreiben, aber deute es nicht. Du willst, dass die Beschreibung so objektiv wie möglich ist. Zum Beispiel ist eine Aussage wie »Du siehst aus, als würdest du etwas verbergen« sehr subjektiv. »Dein Gesicht sieht angespannt aus« klingt besser.

Der zweite Teil einer empathischen Vermutung ist das Vermuten. Benimm dich nicht so, als wüsstest du, welches Bedürfnis er hat, selbst wenn du dir ziemlich sicher bist. Schließlich kannst du dich auch täuschen. Du könntest so was sagen wie: »Wenn ich diesen Ausdruck auf deinem Gesicht sehe, frage ich mich, ob du vielleicht mehr Freiheit und Autonomie brauchst oder ob es irgendetwas anderes gibt, das dein Leben besser machen würde.« Das Großartige an der empathischen Vermutung ist, dass sie die andere Person darauf ausrichtet, bedürfnisbezogen zu denken und zu merken, dass ihre Bedürfnisse dir wichtig sind.

Es kommt häufig vor in Beziehungen, dass die eine Person mehr Intimität und die andere mehr Autonomie braucht. Wenn das passiert, führt das schnell zu Angst auf beiden Seiten, weil eure Interessen im Konflikt zueinander stehen. Dabei ist das unnötig. Intimität und Autonomie schließen einander nicht aus. Beide Bedürfnisse sind wichtig, und beide lassen sich erfüllen. Es mag zwar verwirrend

86   Kapitel 5

sein, wie das gehen soll, aber 90 Prozent der Anspannung verschwinden schon allein, wenn ihr beide euch einig seid, dass ihr beide mehr Intimität für dich und mehr Freiheit für ihn wollt. Ihr braucht das Problem nicht sofort zu lösen. Die Erfahrung, dass »wir beide die Bedürfnisse beider wertschätzen, selbst wenn wir sie nicht komplett erfüllen können«, macht den Kern der Verbundenheit in einer Partnerschaft aus.

Ich habe keine Ahnung, wie ich die Bedürfnisse von jemandem erraten soll. Ich weiß ja nicht mal, was ich selber brauche. Wie kann ich denn meine eigenen Bedürfnisse herausfinden?
Wir brauchen viel Übung, um in der Lage zu sein, die Bedürfnisse wahrzunehmen, die hinter Kritik und Forderung stehen. Zum Glück kann die Übung tatsächlich Spaß machen. Gehen wir doch mal einen Tag im Leben deines lieben Autors durch und achten auf ein paar seiner schrecklich scheußlichen und gar nicht netten Gedanken, die ihm so durch den Kopf gehen. Dann suchen wir nach den Bedürfnissen – der lebendigen Energie –, die als Motivation dahinterstehen.

- Folgende Situation: Ich gehe einen Gang entlang, und eine Frau kommt mir entgegen. Ich gehe rechts, aber sie weicht nicht zu meiner Linken aus, damit wir aneinander vorbeikommen. Sie läuft direkt auf mich zu, sodass ich anhalten und mich an die Wand drücken muss, bis sie an mir vorbei ist.

    » Gedanke: »Was zum Teufel ist los mit dir?«
    » Bedürfnis: »Ich wünschte, wir könnten diesen Raum miteinander teilen und aufeinander Rücksicht nehmen. Ich wünschte außerdem, ich wüsste, warum du das getan hast, damit ich dich verstehen kann.«

Den Übergang fand ich so: Ich habe mich in die Situation zurückversetzt, als ich sie kritisiert habe. Ich versuchte mir nicht einzureden, dass ich sie nicht kritisieren sollte, oder mich zu überzeugen, dass sie wahrscheinlich ein guter Mensch ist. Ich fragte mich: »Was hättest du anders haben wollen?« Die Antwort war, dass ich mir gewünscht hätte, sie hätte mich bemerkt und mir Platz gemacht. Dann fragte ich mich: »Warum hätte sich das gut angefühlt? Welche Bedürfnisse hätte das erfüllt?« Die Antwort lautete: Rücksichtnahme und Verständnis.

• Und noch eine zweite Situation: Ich sitze in einem Café und muss dringend kacken. Da kommt, als ich zur Toilette gehe, gerade ein Kerl raus, und der ganze Klositz ist vollgepinkelt.

» Gedanke: »DU PISSER!!«

» Bedürfnis: Rücksichtnahme, Respekt (nicht nur für mich, sondern ganz allgemein) und vor allem Verständnis. »Ich wünschte, ich wüsste, warum du auf einer öffentlichen Toilette mit heruntergeklapptem Klositz pinkeln musst. Es fällt mir gerade sehr schwer, dich als einen Menschen zu sehen, der Glück in die Welt bringen will. Hat sich niemand die Mühe gemacht, dir die Folgen davon beizubringen? Hast du Angst gehabt, die Klobrille anzufassen? Wenn ich verstehen könnte, wie du versucht hast, deine Bedürfnisse zu befriedigen, hätte ich vielleicht nicht so eine Wut gegen dich.«

Ist doch ganz spaßig, oder? Probier es ruhig selber aus. Denk an irgendetwas, das du kritisierst, oder an wen du Forderungen stellst. Wen kannst du gerade nicht so akzeptieren, wie er oder sie ist? Verbinde dich mit diesem großartigen, lebendigen Gefühl der Nichtakzeptanz. Frag dich, sobald du es am Wickel hast: »Was würde ich mir anders

88 Kapitel 5

wünschen?« Es muss nicht unbedingt möglich sein. Stell dir vor, wie du die Dinge ändern würdest, wenn du magische Kräfte hättest. Es geht hier nur darum, dein Bedürfnis zu erkennen. Schreib deine Antwort auf. Frag dich dann: »Wieso würde sich das so gut anfühlen? Welche Bedürfnisse wären dann gestillt?« Überleg dir jetzt, wie du deine Bedürfnisse in der Situation oder in der Beziehung direkt ansprichst. Wie fühlt sich das an?

KAPITEL 6

WARUM PASSIEREN SCHLIMME DINGE?

Erkennen, welche Fragen unbeantwortbar sind,
und sie nicht versuchen zu beantworten: Das ist die wichtigste
Kunst in Zeiten von Not und Dunkelheit.
URSULA K. LE GUIN

Als ich siebzehn war, kam eines Tages meine Mutter mit einem Zeitungsausschnitt zu mir ins Zimmer. Sie schaute finster drein, als sie fragte, ob ich wüsste, dass ich einen Halbbruder hätte. Mir klappte die Kinnlade herunter. Natürlich wusste ich nichts davon, schließlich hatte sie mir ja nie etwas davon gesagt. Sie erklärte, mein Vater (den ich nie kennengelernt hatte) hätte noch zwei weitere, viel ältere Söhne. In dem Zeitungsausschnitt stand, mein Halbbruder hätte gerade seine Lizenz als Chirurg verloren, weil er auf Heroin unnötige Operationen durchgeführt hätte. Er stand wegen fahrlässiger Tötung vor Gericht, weil einige dieser Patienten gestorben waren.

Wie du dir denken kannst, explodierte mir mein siebzehnjähriges Gehirn. Ich rannte raus zu meinem 200-Dollar-Camaro und raste mit 130 durch Bostons Nebenstraßen direkt zum Haus von meinem Freund Leon. Als ich drinnen war und ihm erzählte, was gerade passiert war, fühlte ich mich total autodestruktiv. Ich hatte zwar keine Ahnung, was ich machen wollte, aber Lust zu leben hatte ich keine mehr.

Leon hörte mir zu und schwieg eine Weile. Dann fragte er mich: »Und was hat das mit dir zu tun?«

»Das ist mein verdammter Bruder! Ich wusste nicht mal, dass ich einen habe, und jetzt ist der auch noch ein Mörder!«

»Ja, gut. Na und?«

Ich war echt schockiert. Warum verstand er nicht, dass mich das störte? Als ich es aber zu erklären versuchte, stellte ich fest, dass ich es nicht konnte. Warum genau *tat* das eigentlich so weh? Keine der Geschichten, die mir durch den Kopf schossen, beantwortete Leons Frage. Ich war nicht wütend auf meine Mutter. Am ehesten fühlte ich mich noch von mir selbst angeekelt, konnte aber nicht sagen, warum.

Leon war leiderfahren. Er hatte Familienmitglieder im Knast, andere waren tot, es war also nicht so, als könnte er sich nichts darunter vorstellen. Er fragte mich, was diese Nachricht mit mir machte – wie sie mein Leben veränderte –, und ich hatte keine Antwort. Dann wurde mir klar, dass sie eigentlich etwas mit der *Geschichte* machte, die ich mir über mich selbst erzählte. Wenn ich einen Bruder habe, der so kaputt ist, kann es doch nur eine Frage der Zeit sein, bis mich dasselbe Schicksal trifft – bis ich mich und alles und jeden um mich herum erledige. Ich hatte nur ein paar Sätze über ihn gehört, aber die erinnerten mich stark an mich selbst. Er war schlau (ein Chirurg) und zugleich ein totaler Idiot, der auf alles pfiff. Das war ich, und mir war, als hätte ich gerade meine eigene Zukunft gesehen.

Ich stammelte das Leon gegenüber vor, aber der zuckte nur mit den Schultern und antwortete: »Du bist nicht dein Bruder, Mann.« Die Erleichterung überschwemmte mich wie eine Flutwelle, und ich fing an zu heulen. Er umarmte mich, und wir verbrachten den Rest des Tages mit Videospielen.

DAS PROBLEM DES WARUM

Warum passieren schlimme Dinge? Warum machen Leute schlimme Sachen? Die Geschichten, die wir uns einreden, um zu erklären, *warum* Dinge passieren, haben eine tief greifende Wirkung auf uns. Sie bestimmen, wie wir uns selbst, andere und die Welt wahrnehmen.

Das Verhalten meines Bruders ließe sich zum Beispiel

mit allem Möglichen erklären. Denk doch mal einen Augenblick darüber nach, warum *du* glaubst, dass mein Bruder so gehandelt hat. Glaubst du, dass er böse ist? Ist er krank? Könnte er das schuldlose Opfer seiner Umstände sein, die ihn als jemand dastehen lässt, der wertlos und verachtenswert ist und am besten schon tot wäre? Ebenso kannst du dir vermutlich eine Erklärung für seine Lage vorstellen, die Mitleid mit ihm hervorruft.

Wollen wir in der Lage sein, dem zu begegnen, was beschissen ist auf der Welt, und selbst nicht daran kaputtgehen – oder es gar positiv beeinflussen –, dann ist die Frage *Warum passieren schlimme Dinge?* von zentraler Bedeutung. Unsere Erklärungen können dazu führen, dass wir uns und andere hassen und uns machtlos fühlen, oder sie können unsere Fähigkeit stärken, menschlich zu bleiben.

Die Frage besteht aus zwei Teilen. Der kleinere davon ist psychologischer Art. Er fragt, warum Leute schlimme Sachen machen. Der größere ist existenzieller Art. Er fragt, warum schlimme Dinge *überhaupt* passieren.

DER KLEINERE TEIL DER FRAGE

Lass uns mit dem psychologischen Teil anfangen. Warum tun Leute schlimme Sachen?

Bevor wir überhaupt eine Erklärung finden können, müssen wir uns mit der Tatsache auseinandersetzen, dass es für diese Art von Fragen keine eindeutige Antwort gibt. Es gibt unzählige Möglichkeiten, zu erklären, warum Menschen so handeln, wie sie es tun. Wenn du glaubst, nur eine davon könnte die einzig richtige sein, dann wäre es sinnvoll herauszufinden, welche. Aber manche Fragen funktionieren so nicht.

Es gibt sehr viele problematische Theorien über das

94 Kapitel 6

menschliche Verhalten. Entweder sie sind in sich widersprüchlich, oder sie lassen keine Vorhersage über das tatsächliche Verhalten von Menschen zu. Wir brauchen unsere Zeit nicht mit schlechten Theorien zu vergeuden. Es gibt nämlich auch eine Menge ziemlich guter Erklärungen, die mehr oder weniger parallel zutreffen, ohne dass man eine davon als die einzig wahre bestimmen könnte. Für diesen Fall gibt es einen wissenschaftlichen Begriff. Das Prinzip der *Unterbestimmtheit* besagt, dass jede beliebige Datenzusammenstellung sich stets auf verschiedenste Art und Weise erklären lässt.

Wenn wir nicht wissen können, welche Verhaltenstheorie die richtige ist, wäre es doch sinnvoll, wir würden die hilfreichste anwenden – also eine, die es uns erleichtert, den Menschen mit Mitgefühl zu begegnen. Meiner Meinung nach erlaubt das die von mir in Kapitel 4 beschriebene Theorie von der menschlichen Natur. Um also unsere Frage *Warum tun Leute schlimme Sachen?* direkt zu beantworten:

- Weil jeder leidet. Jeder versucht, Schmerz zu vermeiden und die eigenen Bedürfnisse bestmöglich auf Basis der unvollkommenen Modelle im Gehirn darüber, wie die Welt funktioniert, zu stillen. Diese Modelle werden durch Erfahrungsmuster bestimmt. Mit anderen Worten, wir versuchen, glücklich zu sein, wissen aber nicht, wie das geht.

Während der Unruhen in Ferguson, Missouri, die auf die Erschießung Michael Brauns folgten, brachte eine Aktivistin genau das auf ganz wunderbare Weise zum Ausdruck. Direkt neben der Polizeistation in Ferguson gibt es ein mexikanisches Restaurant, das während der Proteste immer wieder beschädigt und verwüstet wurde. Bei einem Community-Treffen stand eine Frau, deren Familie dieses Restaurant gehörte, auf und sagte: »Das Restaurant meiner Fa-

milie wird immer wieder zerstört. Ich wüsste nicht, inwiefern diese ganze Gewalt und Randaliererei hilfreich wären.«
Viele Leute, die das, was in Ferguson vor sich ging, in den Nachrichten verfolgten, hatten ähnliche Zweifel.

Als sie fertig gesprochen hatte, stand eine andere Frau auf, die seit vielen Jahren Community-Aktivistin in Ferguson war. Sie sagte: »Viele von uns haben schon alles versucht, um die Polizeigewalt zu stoppen. Wir haben lange Zeit im Rahmen des Systems gearbeitet, und nichts hat die Lage verbessert. Wenn wir wüssten, wie man das sinnlose Töten so beenden könnte, dass es niemandem schadet, dann glauben Sie mir um Himmels willen, wir würden es tun. Ich weiß nicht, ob die jetzigen Proteste die Lage endlich verändern werden. Aber ich weiß, dass die Beschwerdeschreiben und die Arbeit innerhalb des Systems nichts gebracht haben. Auf diesem Wege haben wir alles versucht, und zwar umsonst. Jetzt schenken die Menschen dem, was hier vor sich geht, zum ersten Mal Beachtung, und das gibt vielen von uns Hoffnung. Ich wünschte wirklich, es würde Ihrer Familie nicht schaden, und hoffe sehr, dass Sie uns verstehen.«

Ich bin sicher, du hast eine Meinung zu dem, was die Aktivistin da sagte. Vielleicht willst du gleich dagegenhalten oder aber dich hinter sie stellen und sie verteidigen. Vielleicht willst du auch andere Optionen mit ihr diskutieren. Es ist die perfekte Gelegenheit, hinter das Gesagte zu schauen und eine echte Verbindung herzustellen.

Zustimmung, Widerspruch und Erziehung – alles hat seinen Platz. Trotzdem ist das alles eine Million Mal effektiver, wenn du es erst einsetzt, *nachdem* du eine bedürfnisbasierte Verbindung geknüpft hast. Schieb deine eigene Meinung mal für einen Moment beiseite und versuch, nur deine und ihre Bedürfnisse wahrzunehmen. Sie möchte die sinnlose Polizeigewalt stoppen, weiß aber nicht, wie das gehen soll.

96   Kapitel 6

Kannst du das nachempfinden? Kannst du dich, selbst wenn du meinst, dass du *weißt*, wie man das Töten stoppen kann, in ihre Lage versetzen? Du kannst mit Sicherheit nachempfinden, wie sehr sie sich danach sehnt, die überflüssige Gewalt zu stoppen. Ich glaube sogar, dass du es längst getan hättest, wenn du nur wüsstest, wie. Nimm daher erst mal ein paar Atemzüge, bevor du zu ihrer Strategie Ja oder Nein sagst, und erinnere dich daran, dass ihr beide dasselbe wollt, dass aber keiner von euch beiden sicher sagen kann, wie ihr das erreicht.

Diese Einstellung anderen Menschen gegenüber macht dich nicht automatisch zu einem Gandhi. Du wirst nicht gleich zum tibetischen Mönch, der nichts als Mitgefühl für den ihn folternden chinesischen Soldaten empfindet. Schmeißt dir jemand dein Fenster ein, wäre es ziemlich fehl am Platz, das toll zu finden.

Die Bedeutung einer solchen Einstellung liegt in unserer Absicht, in einer beschissenen Welt menschlich zu bleiben. Wir wollen lernen, in akuten Situationen klar zu sehen, ohne so wütend oder deprimiert zu werden, dass wir nicht mehr helfen können. Mit dieser Absicht im Hinterkopf können wir uns diese Sichtweise als eine Fähigkeit vorstellen, die wir bewusst üben und entwickeln können. Wenn wir Menschen auf andere Weise wahrnehmen und diese Einstellung verinnerlichen wollen, brauchen wir Übung.

ÜBUNG

- Denk an etwas, das du getan hast und das jemandem Schmerz verursacht hat.
- Versuch, mit dir selbst in dem Augenblick mitzufühlen, als du die Entscheidung für dein Handeln getroffen hast. Nimm wahr, wie du gelitten und nach einem Weg gesucht hast, aus deinem Schmerz herauszukommen. Überlege, ob du dasselbe getan hättest, wenn du gewusst hättest, wie du deine Bedürfnisse hättest stillen können, ohne jemanden zu verletzen.
- Vielleicht kannst du rückblickend eine Alternative sehen, die besser funktioniert hätte. Das ist allerdings kein Grund, sich zu schämen. Es heißt nur, dass du seit damals etwas gelernt hast. Und das ist gut.
- Mach dasselbe jetzt noch mal mit einer Entscheidung, die *jemand anderes* getroffen und die dir Leid verursacht hat.
- Je mehr du übst, desto natürlicher wird diese Einstellung für dich werden.

DIE GÜTE, DIE IM LEIDEN STECKT

Und jetzt zum existenziellen Teil unserer Frage: *Warum passieren überhaupt schlimme Dinge?* Für mich geht es dabei darum, wie wir zu all dem stehen, was wir nicht unter Kontrolle haben. Das Gelassenheitsgebet, wie es sich durch das Programm der Anonymen Alkoholiker verbreitet hat, geht so:

Gott, gib mir die Gelassenheit, Dinge hinzunehmen,
die ich nicht ändern kann,
den Mut, Dinge zu ändern, die ich ändern kann,
und die Weisheit, das eine vom anderen zu unterscheiden.

98   Kapitel 6

Ein paar Dinge im Leben haben wir zwar (bis zu einem bestimmten Grad) in der Hand, eine ganze Menge an Mistzeugs dagegen überhaupt nicht. Wenn wir die Möglichkeit haben, Leid zu lindern, dann sollten wir das selbstverständlich tun. Zugleich sind wir aber auch verletzlich gegenüber Kräften, gegen die wir machtlos sind.

Diese Hilflosigkeit zu akzeptieren ist wirklich schwer, es sei denn, wir empfinden die »Dinge, die ich nicht ändern kann« in irgendeiner Hinsicht als etwas Gutgesinntes. Würden wir sie für komplett beliebig halten und davon ausgehen, dass wir ihnen egal oder dass sie uns gegenüber sogar feindlich eingestellt sind, dann wäre es sehr beängstigend. Wir müssten nämlich zugeben, dass wir schwach sind.

Meist versuchen wir, die eigene Machtlosigkeit zu leugnen, statt einen Weg zu finden, Frieden damit zu schließen. Läuft das Leben glatt, dann empfinden wir keine Dankbarkeit, sondern überzeugen uns selbst von unserer Allmacht und halten uns für die alleinigen Urheber. Läuft das Leben gerade beschissen, dann geben wir uns selbst die Schuld und machen es uns damit noch tausendmal schwerer. Wir versuchen, Dinge unter Kontrolle zu halten, die unkontrollierbar sind, und das macht uns verrückt.

Im Grunde geht es hier auch um Urvertrauen versus Urmisstrauen – also um die erste Stufe der psychosozialen Entwicklung nach Erikson. Können wir kein grundlegendes Vertrauen gegenüber dem entwickeln, *was wir nicht kontrollieren können*, dann werden wir uns nie wirklich sicher fühlen.

Durch alle Zeiten hindurch haben die Menschen mit der Frage *Warum passieren schlimme Dinge?* gehadert. Der deutsche Philosoph Gottfried Wilhelm Leibniz hielt sie für eine der wichtigsten philosophischen Fragen überhaupt. Er nannte sie das Problem der *Theodizee*, und als christlicher Philosoph formulierte er sie theologisch. Leibniz fragte:

Warum gibt es das Böse, wenn Gott allmächtig und von Grund auf gut ist? Ich würde es weltlicher formulieren, also in etwa so: Wie kann ich das Leben angesichts des ganzen Leides auf der Welt in Ordnung finden? Wie kann ich ein grundlegendes Gefühl von Sicherheit haben, wenn es doch nur so wenig gibt, was ich kontrollieren kann?

Denkst du über die Welt als Ganzes nach – und vor allem über alles das, was du nicht kontrollieren kannst –, dann hältst du sie entweder für komplett chaotisch und beliebig oder aber du glaubst, dass sie von irgendetwas geführt wird. In letzterem Fall wird sie dann vielleicht von einem persönlichen Gott geführt oder aber von vielen Göttern oder auch von irgendeiner unpersönlichen Kraft. Weiterhin wird sich die leitende Kraft dann entweder für dein individuelles Wohlbefinden interessieren oder auch nicht.

Falls du hoffst (oder Angst hast), ich würde jetzt eine bestimmte Auffassung vertreten wollen – keine Sorge, das habe ich nicht vor. Warum es Leid und Schmerz gibt, ist eine sehr persönliche Frage. Ich will hier nur erzählen, welche Sichtweise für mich persönlich am hilfreichsten ist.

Im westlichen Denken besteht die überwiegende Einstellung zu dieser Frage darin zu sagen, dass es einen allmächtigen Gott als Schöpfer von all dem gibt, was geschieht. Du brauchst keine Angst vor den Dingen zu haben, die du nicht kontrollieren kannst, weil Gott sie kontrolliert und Er ja so superlieb ist. Wie Leibniz aufzeigt, gibt es bei dieser Geisteshaltung aber ein paar Widersprüche, die vielleicht am treffendsten in folgender Schlagzeile des Satiremagazins *The Onion* wiedergegeben sind: »God Admits He's Addicted to Killing Babies« (Gott gibt zu, dass er süchtig danach ist, Babys umzubringen). Es passiert ein Haufen furchtbare Scheiße auf der Welt, und wenn du glaubst, dass es einen Gott gibt, der das alles hervorbringt, musst du dich

Kapitel 6

doch wundern, *warum*. Was uns zurück zur ursprünglichen Frage *Warum passieren schlimme Dinge?* führt.

Viele Denker haben dies damit beantwortet, dass es eben Dinge gibt, die wir nicht beantworten können. Wenn Gott alle diese Babys tötet (oder zugelassen hat, dass Menschen das tun), muss er einen Grund dafür haben, den wir aber nicht erfahren werden. Kannst du dich selbst überzeugen, das zu glauben, dann wird es dir sicher viel innere Ruhe schenken, weil du es dann nicht zu verstehen brauchst. Für mich funktioniert dieses »Denk nicht drüber nach« allerdings nicht immer.

Leibniz selbst sagte, dass die Welt »die beste aller möglichen Welten« sein muss. Das ähnelt der buddhistischen Vorstellung der Tibeter, dass das Reich der Menschen das bestmögliche Reich ist, in dem man zur Welt kommen kann. Laut dem tibetischen Buddhismus kann man in verschiedene Reiche hineingeboren werden. Es gibt ein Reich der Tiere, ein Reich der Hölle, ein Reich der Menschen, ein Reich der Devas (oder Götter) und so weiter. Von all diesen Reichen ist das der Menschen das beste. Schwer zu glauben? Hier die Lehre:

Würdest du als wildes Tier geboren, wäre dein Leben so mit Angst und Hunger angefüllt, dass du keine Gelegenheit hättest, dich spirituell zu entwickeln. Urteil: nicht das beste Reich. Andererseits könntest du im Reich der Devas geboren werden, was bedeuten würde, dass du alles kriegst, was du willst. Im Reich der Devas würden deine Wünsche sofort erfüllt, und du hättest nie mit Machtlosigkeit zu tun. In diesem Reich wären Pizza und Eis gut für dich, und jeder würde dich fraglos genau so lieben, wie du es willst, ohne dass es ihm gesagt werden müsste. Auch wenn das vielleicht schön klingt – die Lehre besagt, dass es nicht der beste Ort zum Leben wäre. Ins Reich der Devas hineingeboren zu werden heißt, du bekommst nie die Gelegenheit, so was wie Tugenden zu entwickeln – keine Geduld, kein Mitgefühl, keine Widerstandsfähigkeit oder Dankbarkeit. Ist dein Karma abgelaufen und du verlässt dieses Reich, ist das eine der schmerzhaftesten Erfahrungen überhaupt, denn du hast nicht gelernt, mit Verlust umzugehen.

Das Reich der Menschen dagegen bietet *genau das richtige Maß an Leid*, um uns beständig zu ermutigen, spirituell zu wachsen, ohne dass wir vollständig überwältigt wären. Für mich geht es bei dieser Lehre nicht um eine buchstäbliche Wiedergeburt in anderen Reichen (für viele Lehrer im tibetischen Buddhismus ist das auch nicht so). Ich glaube eher, dass jeder von uns Momente kennt, in denen wir im Reich der Hölle leben, und Momente, in denen sich das Leben wie im Reich der Devas anfühlt.

Aus meiner Sicht ist diese Lehre so brillant, weil sie uns an die Güte erinnert, die im Leiden steckt. Dein Ego sagt dir permanent, dass du glücklicher wärst, wenn du in einem Deva-Reich leben würdest. Das ist überhaupt das Einzige, was dir dein Ego erzählt. Es sagt, die Welt wäre besser, wenn du alles kriegen würdest, was du willst, und wenn nie irgendwas Schlimmes passieren würde. Diese Lehre hilft dir, dich daran zu erinnern, dass das Ego unrecht hat. Du willst eigentlich gar nicht in einem Götterreich leben, weil alles, was du an dir magst, von deiner Leidenserfahrung herkommt. Vielleicht denkst du: »Ja sicher, aber so viel Leid brauchen wir nicht.« Ein nachvollziehbarer Gedanke. Ich will aber noch ein bisschen weiter ausholen.

Es gibt eine Redensart, nach der Mitgefühl durch Leid und großes Mitgefühl durch großes Leid entsteht. Das heißt nicht, dass sich alles Leid in Mitgefühl verwandeln würde. Das ist natürlich nicht der Fall, auch wenn wir wünschten, dass es so wäre. Es heißt nur, dass alles Mitgefühl aus der Erfahrung von Leid entsteht. Wenn wir an die Menschen in unserer Welt denken, mit denen wir großes Mitgefühl asso-

102 Kapitel 6

ziieren, etwa Nelson Mandela, den Dalai Lama und Thich Nhat Hanh – sind das alles Menschen, die Schreckliches durchgemacht haben. Sie waren in der Lage, ihre Leiderfahrung zu nutzen und tiefes Mitgefühl zu entwickeln.

Thich Nhat Hanh sagt, dass wir den Prozess der Umwandlung von Leid in Mitgefühl dann verstehen, wenn wir ihn mit der Umwandlung von Müll in Kompost und von Kompost in Blumen vergleichen. Das Leben schenkt dir Müll, und du kannst lernen, diesen Müll in etwas Wertvolles umzuwandeln. Dabei versuchst du nicht etwa, den Müll loszuwerden oder gar nicht daran zu denken. Nein, du erkennst seinen Wert an und verwandelst ihn so in etwas sehr Kostbares. Im Einzelnen lernen wir, unseren alten Kram loszulassen, unser Leid als Körperempfindung zu erkennen und ihm mit Mitgefühl zu begegnen.

Es gibt eine alte chinesische Geschichte, die mir dabei hilft, meinen Kram loszulassen, meine Menschlichkeit zu wahren und behilflich zu sein, wenn irgendwas Schlimmes wie der Verlust einer Arbeit oder ein Akt polizeilicher Gewalt passiert. Darin geht es um einen Bauern, dessen Pferd davongelaufen ist. Die Geschichte geht so:

Eines Tages lief einem Bauern das Pferd davon. Seine Nachbarn kamen angelaufen und sagten: »Was für ein Pech!« Der Bauer zuckte mit den Schultern und antwortete: »Vielleicht.« Einige Tage darauf kam das Pferd zurück und brachte zwei wilde Pferde mit. Die Nachbarn kamen wieder vorbei und sagten: »Was für ein Glück!« Der Bauer antwortete: »Vielleicht.« Der Sohn des Bauern versuchte, eines der wilden Pferde zu reiten, wurde abgeworfen und brach sich das Bein. Da kamen die Nachbarn und sagten: »Was für ein Pech!« Der Bauer antwortete: »Vielleicht.« Da kam die Armee ins Dorf und zog alle wehrhaften jungen Männer ein. Seinen Sohn ließen sie daheim zurück. Wieder kamen die Nachbarn

herübergelaufen und sagten: »Was für ein großes Glück!« Der
Bauer antwortete: »Vielleicht.«

Wir können nicht wissen, wie sich irgendetwas, das bereits passiert ist, auf die Zukunft auswirken wird. Was uns heute schrecklich vorkommt, könnte morgen schon etwas Wunderbares in Gang setzen. Wenn ich mir nach einer schlechten Erfahrung nicht vorstellen kann, dass sie sich womöglich positiv auf die Zukunft auswirkt, versuche ich mich daran zu erinnern, dass das Leid an sich wertvoll sein kann. Es ist der Kompost, aus dem wir die Blumen des Mitgefühls wachsen lassen können.

Wenn ich eine bestimmte Situation unter Kontrolle habe, erscheint es mir sinnvoll, daraus etwas zu machen, wovon ich denke, dass es das Beste ist. Hoffentlich liege ich damit richtig. Eine Menge Leid entsteht indes, wenn wir uns wegen Folgen herumquälen, über die wir keine Kontrolle haben. Mein Verstand wird irgendetwas als *das Schlimmste, was passieren konnte*, bezeichnen, und ich werde entsetzt sein. Genau in solchen Momenten muss ich mich daran erinnern, dass ich nie wissen kann, ob nicht im Gegenteil genau das, wovor ich Angst habe, das bestmögliche Ergebnis sein könnte.

Es gibt im Tao Te King einen Vers, den ich bei meinen Versuchen, auf das zu vertrauen, was ich nicht kontrollieren kann, unglaublich hilfreich finde. Es ist der Anfang von Kapitel 29 und geht so:

Die Welt erobern und behandeln wollen,
ich habe erlebt, dass das misslingt.
Die Welt ist ein geistiges Ding,
das man nicht behandeln darf.
Wer sie behandelt, verdirbt sie,
wer sie festhalten will, verliert sie.

KAPITEL 7

DIE KUNST, NICHT DA ZU SEIN

Alle Personen, lebende und tote,
sind reiner Zufall.
KURT VONNEGUT

Mein erstes Meditationsretreat bei Thich Nhat Hanh fand in einem buddhistischen Kloster in den Bergen außerhalb von San Diego statt. Ich lebte und praktizierte dort drei Monate zusammen mit Hunderten von Mönchen, Nonnen und Laien. Gegen Ende dieses Retreats führte uns Thich Nhat Hanh bei einer Morgensession – die Sonne ging gerade über dem Canyon auf – durch eine Übung, die sich *Die Erde berühren* nannte. In einem Teil der Übung lag ich flach auf dem Boden und sollte Mutter und Vater in mir visualisieren – sollte visualisieren, dass ich nicht getrennt war von ihnen.

Ich sah gleich viel von meiner Mutter in mir. Ich konnte ihre positiven Eigenschaften erkennen, ihr Durchsetzungsvermögen und ihren Gerechtigkeitssinn. Auch ihre negativen Eigenschaften konnte ich sehen: wie sie sich von Menschen isolierte, um sich nicht so verletzlich fühlen zu müssen. Von meinem Vater dagegen sah ich nichts in mir, oder eher – alles in mir weigerte sich. Ich sah mich als Baum mit tiefen Pfahlwurzeln auf der linken Seite und komplett wurzellos auf der rechten.

Dabei wusste ich, dass ich falschlag, seine Gene habe ich ja auf alle Fälle. Ich bin größer und sportlicher als jeder andere in der Familie meiner Mutter und weiß, dass er groß und sportlich war. Während ich da so lag, nahm ich diese tiefe Unstimmigkeit wahr: die eine Stimme, die sagte: »Einen Großteil deiner Körperstruktur musst du von deinem Vater haben. Außerdem hat er deine Persönlichkeit geformt – wenn auch nur durch seine Abwesenheit«, und die andere Stimme, die schrie: »Mit dem Kerl hab ich nichts zu tun!«

108   Kapitel 7

Nach der Übung machte ich eine Wanderung in eine Schlucht, wo ich den restlichen Tag mit Meditieren verbrachte. Ich saß am Fuß von einem Baum und achtete auf die Anspannung und Unruhe in meinem Körper. Mit jedem Atemzug hieß ich diese Empfindungen willkommen, bis ich genug Ruhe und Klarheit gefunden hatte, um auf die verschiedenen Stimmen in meinem Kopf zu hören. Schließlich kam ich mit etwas Dunklem in Berührung – einem brodelnden, abgrundtiefen Hass auf meinen Vater.

Hättest du mich nur einen Tag davor gefragt, welche Gefühle ich meinem Vater entgegenbrachte, hätte ich so was geantwortet wie: »Der ist mir egal. Er hat nie zu meinem Leben gehört, und das ist selbstverständlich für mich.« Außerdem glaubte ich, dass ich keinen Menschen hasste. Ich übte mich so sehr im Meditieren und in einem gewaltfreien sozialen Wandel, dass ich mich komplett mit Vergebung und Mitgefühl identifizierte. Als mir klar wurde, wie viel Hass in mir steckte, fühlte ich mich wie ein Riesenbetrüger. Es war so was in der Art wie: »Du glaubst an diese ganze Scheiße und tust so, als wärst du das, aber tief drunter bist du immer noch dieser abgefuckte Junge aus Boston.« Es fühlte sich an, als würde die sorgsam von mir aufgebaute Identität auseinanderfallen. Ich konnte unmöglich der Mensch sein, der ich sein wollte, und so viel Hass in mir haben.

Meine Gedanken rasten, während ich weiter unter diesem Baum saß. Mein Hass fühlte sich wie weiß glühendes Gift an. Zu der Zeit war ich überzeugt, dass Hass das ist, was unsere Welt zerstört. Hass war der Bösewicht. Selbst Thich Nhat Hanh hatte ihn in seinem berühmten Brief an Martin Luther King als den »Feind des Menschen« bezeichnet. Ich hatte mich so sehr bemüht, einer der Guten zu sein. Jetzt hatte ich Angst, dass das nicht stimmte. Ich dachte: Vielleicht ändern sich Menschen ja doch nicht wirklich.

Da fiel mir die Übung *Die Erde berühren* wieder ein. In dieser Übung werden wir dahin geführt, jeden Teil von uns selbst – jede physische und psychologische Eigenschaft – als *nicht ich* und *nicht meine* anzuschauen. Sie werden als *Nicht-selbst-Elemente* bezeichnet, die uns auf unterschiedlichen Wegen übertragen wurden. Mit anderen Worten, was ich an mir liebe und was ich an mir hasse, kam nicht aus dem Nichts. Nicht ich brachte mich dazu, groß zu sein oder Bücher zu mögen. Nicht ich verursachte diesen Hass in mir, er stammte nicht von mir. Alles kommt von irgendwoher. Vielleicht brauchte ich mich also nicht so sehr zu schämen, wenn ich den Hass mehr als eine Übertragung sehen konnte, anstatt mich mit ihm zu identifizieren.

Ich fokussierte meine Aufmerksamkeit auf den Hass in mir und hielt stand, auch wenn ich ihm am liebsten mit jeder Faser meines Körpers entkommen wäre. Ich ließ alle Alarmglocken in mir wie verrückt läuten. Meine Zähne schlugen aufeinander, Gänsehaut lief mir über den Rücken, und ich spürte eine enorme Hitze in der Brust, kämpfte aber nicht dagegen an. Ich flüsterte mir einfach die ganze Zeit zu: »Egal, was du spürst, es ist in Ordnung. Ich bin für dich da.« Schließlich beruhigte sich mein Körper, sodass ich mich darauf konzentrieren konnte, den Hass selbst zu erforschen.

Ich hielt, wie ich es in der Übung *Die Erde berühren* gelernt hatte, nach den Umständen Ausschau, die dieses Gefühl hatten in mir entstehen lassen. Der Hass war eine Reaktion auf meinen Vater, also versuchte ich herauszufinden, wo und wie er darin vorkam. Ich erkannte, dass die Tatsache, dass er in meinem Leben abwesend war und auf meine Kontaktversuche nie reagiert hatte, sowie all das Schlechte, was ich über ihn gehört hatte, Ausdruck seines Leidens waren. Sein eigener Schmerz hatte ihn dazu gebracht, andere Menschen zu verletzen. Als das passierte, hatte er gewissermaßen sein Leid direkt auf diese Menschen übertragen – und auf mich. Ich sah den Hass als den Teil des Leides meines Vaters, das er mir übertragen hatte. Er hatte seine Körpergröße und -statur und seinen Schmerz an mich weitergegeben.

Ich konnte sehen, dass der Hass nicht *ich* und eigentlich auch nicht *meiner* war. Er bestand aus dem Leid, das schon vor meiner Geburt existierte, und als ich noch tiefer hineinspürte, war mir klar, dass es auch nicht erst mit meinem Vater entstanden war. Ich weiß nur sehr wenig über seine Hintergründe, aber ich kann mir gut vorstellen, dass er in seiner Kindheit und Jugend nicht viel emotionale Unterstützung und Geborgenheit erfahren hat. Mit diesen Einsichten fühlte sich der in mir vorhandene Hass nicht mehr wie eine vernichtende Anklage gegen meine *eigentliche* Identität an. Der Hass bestand aus Leid, und das Leid war Teil einer generationsübergreifenden Übertragung. Er war zwar in mir vorhanden, aber jetzt fühlte ich mich mehr wie sein Verwalter oder Betreuer. Ich war nicht mehr durch ihn definiert.

Ich spürte immer mehr Klarheit, während ich da so in der Schlucht saß. »Der Hass in mir ist die Fortsetzung von dem Leid meines Vaters. Wenn ich nichts daran ändere, werde ich es an alle Menschen in meinem Leben und an künftige Generationen weitergeben. Wenn ich aber einen Weg finden kann, es zu heilen und umzuwandeln, dann kann ich die Welt ein bisschen besser machen.« Damals war meine Erfahrung als Praktizierender noch nicht stark genug, um den ganzen Schmerz mit Mitgefühl halten zu können. Aber ich beschloss, dass ich genau dem mein Leben widmen wollte. Ich wollte lernen, auch das schlimmste Leid willkommen zu heißen und umzuwandeln, und anderen helfen, diese Fähigkeit ebenso zu entwickeln.

DIE WOLKE IN DEINEM TEE

Im Buddhismus lernen wir die Lehre vom Nichtselbst. Sie ist komplex, subtil und sehr leicht misszuverstehen. Aber wenn du sie korrekt anwendest, fühlst du dich danach freier, verbundener und lebendiger. Und was vielleicht das Wichtigste ist, zumindest, um in einer abgefuckten Welt menschlich zu bleiben: Es ist eine Lehre, die dir helfen kann, dich nicht für dein Leid oder deine Unbeholfenheiten zu schämen. Sie kann dir helfen, dein Bedürfnis nach Lob (oder auch deine Abneigung dagegen) loszulassen.

Alles, was du an dir hasst, *bist nicht du*, mach dir also keine Sorgen darüber. Alles, was du an dir magst, *bist nicht du*, sei also nicht zu stolz darauf. Es sind alles Elemente des Nichtselbst. Es sind Übertragungen von früheren Generationen. Sie bestehen vollständig aus Dingen, die nicht du sind. Du existierst nicht einmal, jedenfalls nicht so, wie du normalerweise meinst.

Und so funktioniert die Übung zum Nichtselbst: Bevor wir uns den Menschen zuwenden, untersuchen wir erst mal etwas anderes, zum Beispiel Tee.

Gieß dir eine Tasse Tee ein, halt sie in den Händen und schau hinein. Lass zu, dass Körper und Geist sich entspannen. Kannst du die Wolke in deiner Tasse schwimmen sehen? Schau gut hin.

Woher kommt das Wasser? Aus dem Wasserhahn. Und weiter aus einem Wasserspeicher. Und noch davor war es Regen. Davor war es eine Wolke im Himmel. Jedes H_2O-Molekül in deiner Tasse ist schon seit Millionen Jahren und länger H_2O. Es war Teil von jedem Meer und schwebte als Dunst über jedem Kontinent. Es war das Blut von zahllosen Tieren. In diesem Augenblick ist es dein Tee. Bald wird es *dein* Blut sein. Und dann wird es seine Reise fortsetzen und wieder jedem Meer begegnen. Kannst du das sehen?

Nun könntest du meinen, dieser Tee wäre einmal eine Wolke gewesen, ist es aber nicht mehr. Genau diese Vorstellung will ich jetzt dekonstruieren. Ich möchte dir helfen zu erkennen, dass die Wolke nicht weg ist. In unserem gewöhnlichen Denken, das die Buddhisten *Sakkāya Ditthi* nennen (Selbst-Illusion im Gegensatz zu Nicht-Selbst-Illusion), hat jeder Gegenstand ein eigenständiges, getrenntes Selbst. So bin ich zum Beispiel getrennt von dir, und der Tisch ist getrennt vom Fußboden. Dementsprechend existiert jeder Gegenstand unabhängig von jedem anderen. Er hat sein eigenes getrenntes Selbst. Ich möchte aber, dass du den Tee anders betrachtest.

Der Tee in deiner Tasse ist nichts Losgelöstes. Er hängt von vielen Faktoren ab. Hätte es die Wolke nicht gegeben, dann könnte dieser Tee nicht existieren. Da der Tee in seiner Existenz von der Wolke abhängt, können sie nicht wirklich getrennt sein, und die Wolke ist nicht ganz verschwunden. Um genau zu sein, ist der Tee die Fortführung der Wolke. Die Wolke wird als *Nichtselbst-Element* bezeichnet, und der Tee besteht aus vielen solchen Elementen. Ohne die Bauern, die deine Teeblätter gepflanzt und gepflückt, und die Lkw-Fahrer, die sie transportiert haben (und alle ihre Vorgänger), wäre der Tee nicht hier. Seine Wärme stammt von dem Gas deines Herdes, das von dem prähistorischen Plankton herkommt, das wiederum die Hitze und das Licht der Sonne absorbiert hat. Kannst du, wenn du in deinen Tee schaust, die unzähligen Nichtselbst-Elemente darin erkennen? Versuch, den Tee in seiner Existenz als Fortsetzung dieser Elemente wahrzunehmen.

Schlussendlich besagt diese Lehre, dass absolut nichts mehr übrig bleibt, wenn du die Nichtselbst-Elemente abziehst, die deinen Tee ausmachen – die Wolke, den Bauern, das Plankton usw. Der Tee besitzt kein wesentliches »Selbst«, das nach Entfernen seiner ganzen Nichtselbst-Elemente übrig bleiben würde. Tatsächlich lässt sich das als die einzigartige Schnittmenge aller dieser Faktoren verstehen. Diese Sichtweise kann deine Tee-Erfahrung verschönern und geheimnisvoll werden lassen. Falls es sich bislang nicht so anfühlt und meine Worte dir das nicht übermittelt haben, mach dir keinen Kopf. Vielleicht ergeben sie später einen Sinn.

Wenn du aber siehst, dass dein Tee ausschließlich aus Nichtselbst-Elementen besteht, dann bist du auch bereit, dich selber so zu sehen. Eine traditionelle Möglichkeit, diese Lehre zu üben, besteht darin, über fünf Faktoren nachzudenken, die den Menschen ausmachen: (1) den physischen Körper, (2) die Gefühle, (3) die Wahrnehmungen, (4) die Gedanken und (5) das Bewusstsein.* Wir analysieren jeden dieser Faktoren, erkennen, dass sie ausschließlich aus Nichtselbst-Elementen bestehen, und sehen dann, wie diese Sicht unsere Selbstwahrnehmung verändert.

Fang mit deinem Körper an: Er besteht ausschließlich aus Elementen, die nicht dein Körper sind. Jedes Atom in deinem Körper hat eine Geschichte, die lange vor deiner Geburt begonnen hat. Es kam als Nahrung, Flüssigkeit oder als die Luft, die du atmest, in deinen Körper. Diese Atome sind durch die Gene deiner Vorfahren beeinflusst, aufgrund der Konditionierung durch die Gesellschaft, in der du lebst, und so fort. Und auch deine Gefühle, Wahrnehmungen, Gedanken und dein Bewusstsein haben sie mit geformt. Wenn du versuchst, alle nichtkörperlichen Elemente zu entfernen, bleibt von deinem Körper nichts mehr übrig.

---

* Um die letzten drei zu verdeutlichen: *Wahrnehmungen* bezieht sich auf die Erfahrung deiner fünf Sinne; *Gedanken* sind die Geschichten, die dein Verstand aus diesen Wahrnehmungen erzeugt; *Bewusstsein* ist dein Inneres, das sich deiner Wahrnehmungen und Gedanken gewahr ist.

Dein Körper ist nicht *du* oder im eigentlichen Sinne *deiner.* Er ist das Zusammenspiel dieser unzähligen Elemente.

Sehen wir unseren Körper aus dieser Perspektive, dann sind wir nicht mehr so stolz auf das, was wir daran mögen, und schämen uns nicht mehr so über das, was wir nicht mögen. Stattdessen wird der Körper zu einem einzigartigen, kostbaren, vergänglichen Geschenk. Probiere es ruhig mal aus.

Derselben Analyse kannst du auch deine Gefühle, Wahrnehmungen, Gedanken und dein Bewusstsein unterziehen. Was wäre zum Beispiel übrig von deinen Gedanken, wenn wir die Gedanken aller Menschen, die du je gekannt hast, und dann auch noch deinen Körper, deine Gefühle, Wahrnehmungen usw. abstreifen würden?

Wenn du anerkennst, dass diese fünf Faktoren aus Nichtselbst-Elementen bestehen, dann bestimmen sie dich nicht mehr, und du kannst ihre Schönheit würdigen. Das ist die Kunst, nicht zu existieren. Das ist weder Nihilismus noch eine Verleugnung unseres gesunden Menschenverstandes. Es ist eine Betrachtungsweise, die es uns ermöglicht, Körper, Gefühle, Gedanken etc. als Übertragungen zu sehen, die wir eine Weile steuern und dann wieder loslassen, und uns selbst als Teil von einem Lebensstrom zu sehen, der mindestens ein geologisches Zeitalter existiert hat und existieren wird.

Ob ich das für die einzig wahre Sichtweise halte? Nein. Ich halte die Lehre vom Nichtselbst für verstandesmäßig solide, aber das gilt auch für jede Menge andere Weltanschauungen. Für mich liegt ihr Wert in der Freiheit und dem Wohlbefinden, das sie bei richtigem Verständnis ermöglicht.

EIN FLIESSBAND, DAS VON EINER GENERATION ZUR NÄCHSTEN MIST TRANSPORTIERT

Jeder Mensch braucht einen Mythos zum Leben. Wir brauchen zur Orientierung eine Geschichte, die uns hilft, dem Chaos im Leben einen Sinn zu geben. Mythen sind etwas vollkommen Rationales und stehen in keinem Widerspruch zu einer wissenschaftlichen Herangehensweise. Ich liebe die Wissenschaft. Ich liebe sie so sehr, dass ich auf der Schulter ein Tattoo mit dem Wort *Science* in einem Herzen[*] trage, und mich stört es wirklich, dass so viele Leute meinen, Mythen wären das Gegenteil von Wissenschaft – also Mythos versus Tatsache. Ein Mythos hat nicht den Anspruch, wahr zu sein. Das menschliche Gehirn denkt in Form von Geschichten, und der Anspruch eines Mythos besteht darin, unser Leben an etwas zu orientieren, das wir für wirklich wichtig halten.

In einem der zentralen Mythen meines Lebens ist jeder Mensch Arbeiter in einer Fabrik, die die komplexe Schönheit des Lebens herstellt. Wir stehen alle an einem Fließband, wo wir Übertragungen von früheren Generationen erhalten. Als Arbeiter in dieser Fabrik haben wir zwei Aufgaben: alles Schöne, das an uns weitergegeben worden ist, wertzuschätzen und das Leid zu transformieren. Wenn wir auch nur ein kleines bisschen dieses Leides unserer Ahnen verwandeln können, wird die Welt zu dem Zeitpunkt, wo wir sie verlassen, schon ein besserer Ort sein als zu dem Zeitpunkt unserer Geburt. Und das ist (für mich) das Höchste, wofür man sich im Leben einsetzen kann.

Manchmal bietet uns das Fließband eine wunderschöne Blume an. Dann brauchen wir ihr nur zu erlauben, uns

---

[*] Kein Witz!

Freude zu schenken. Unsere einzige Aufgabe besteht darin, ihre Schönheit wahrzunehmen und sie zu beachten, dann wird die Blume gestärkt, und wir werden es auch. Wenn wir uns aber darauf konzentrieren, dass uns das Fließband eine Blume gebracht hat, die vergleichsweise schöner ist als das, was andere Leute bekommen, dann verpassen wir die Gelegenheit, sie wertzuschätzen. Sie wird vorbeiziehen, ohne unser Leben wirklich zu bereichern. Ohne unsere Beachtung wird die Blume welken.

Oft bringt uns das Fließband dagegen einen Riesenhaufen dampfenden Mist vorbei. Hier kommt, völlig ungebeten, das Leid früherer Generationen angefahren. Jetzt halten wir einen Zauberstab in der Hand, der aus Mitgefühl gemacht ist. Wenn uns so ein Haufen Müll angeboten wird, besteht unsere Aufgabe darin, uns nicht abzuwenden, sondern ihn mit unserem Mitgefühlszauberstab zu berühren, damit er sich verwandeln kann.

Das ist keine angenehme Arbeit. Sie erfordert die Bereitschaft, sich hautnah und persönlich mit dem Bockmist anderer zu befassen. Dabei gibt es nichts Wichtigeres als das. Wir bekommen einen Haufen Mist. Wir berühren ihn mit Mitgefühl und lassen ihn wieder los. Dann kommt der nächste Haufen Mist, und wir tun dasselbe. Das Erstaunliche daran ist, dass daraus Kompost wird, sobald du ihn mit Mitgefühl berührst. In künftigen Generationen wird dieser Kompost einer Blume beim Wachsen helfen – und Freude schaffen. Wenn wir Leid mitfühlend begegnen, kann es sich in Weisheit verwandeln, und die wiederum führt zu Freude.

Aber manchmal ist es einfach zu viel. Ein Haufen Mist folgt dem nächsten, und der sieht nicht mal normal aus, sondern vielleicht mitgenommen oder so, und wir denken: »Was zum Teufel? Kriege nur immer ich das alles ab? Warum passiert das? Ist irgendwas kaputt?« Und während wir ausflippen, fährt der Müll auf dem Fließband an uns vorbei, schnurstracks auf zukünftige Generationen zu.

Mit diesem Mythos lässt sich ein subtiler Punkt verdeutlichen. Wir brauchen uns nicht wegen der Art und Weise zu schämen, wie wir uns und andere verletzen. Jeder Mensch empfängt eine Ladung Schmerz von den früheren Generationen, und jeder Mensch gibt irgendwas davon weiter. Der Schmerz, den du in deinem Leben geschaffen hast, ist nicht aus dem Nichts entstanden. Wenn wir sehen, dass unser Leid aus Nichtselbst-Elementen besteht, kann es uns nicht definieren. Trotzdem kann jeder von uns irgendetwas tun, um wenigstens ein kleines bisschen von dem Leid umzuwandeln, das uns gegeben wird. Wir können lernen, es mit Mitgefühl und Akzeptanz willkommen zu heißen.

KAPITEL 8

ALTEN SCHMERZ HEILEN

*Wir können den Wind nicht ändern,
aber wir können die Segel anders setzen.*
ARISTOTELES

John Dunne gehört zu meinen Top Ten unter den noch lebenden Philosophen. Vielleicht sogar zu den Top Five. Bei einem Forum wurde er gefragt, was der Buddhismus unter Gerechtigkeit versteht. Er antwortete, indem er seinen Stift zu Boden fallen ließ und fragte, ob der Stift »es verdient hätte zu fallen«. Wenn jemand etwas Beschissenes tut, denken wir darüber nach, was für eine Bestrafung er *verdient*. Verdienst du Liebe, oder verdienst du es, in deinem Leben zu leiden?

Laut Dunne beschäftigt sich die buddhistische Philosophie eigentlich nicht damit, ob jemand irgendetwas verdient. Sie beschäftigt sich mit dem, was tatsächlich passiert, warum es passiert und wie wir handeln können, um weniger Leid in die Welt zu bringen.

Was wäre, wenn wir aufhören würden, uns darum Gedanken zu machen, ob Menschen irgendetwas Bestimmtes verdient haben? Was, wenn wir unser Denken nicht mehr auf das konzentrieren würden, was passieren *sollte*, sondern auf das, was passiert *ist*? Was, wenn wir unser Konzept von Gerechtigkeit komplett durch die Frage ersetzen würden, wie wir weniger Leid in die Welt bringen können? Denk mal über das folgende Venn-Diagramm nach:

122   Kapitel 8

Das Einzige, was an den Gerechtigkeitskonzepten wertvoll ist, daran, was wir *verdienen* und was passieren *sollte*, ist meiner Meinung nach in der Frage enthalten, was am wenigsten Leid auslöst (z.B.: Wie lassen sich Ressourcen gemeinsam nutzen oder die Menschen vor Gefahren schützen usw.). Auf der anderen Seite geht es bei fast allem, was als »Gerechtigkeit« gilt, sich aber nicht auf die Linderung von Leid konzentriert, um Rache, Vergeltung und anderen Blödsinn, der überhaupt keinem hilft. Ein solches Umdenken ist vor allem wichtig, wenn es um die Reaktion auf Gewalttäter geht wie den in meiner nächsten Geschichte.

Jared wuchs in Indiana auf[*], er gehörte zu einer besonders gnadenlosen evangelikalen Kirche. Als er zu mir kam, sprach er von dem Ausmaß seines Selbsthasses und seiner Scham. Er war sozial isoliert und dachte oft daran, sich selbst zu verletzen. Als Jared sieben Jahre alt war, missbrauchte er seine fünfjährige Schwester sexuell.

In der folgenden Geschichte geht es um Heilung. Es geht um die Verwandlung von Schmach in Reue und von der Reue in ein aktives Engagement zum Schutz von Kindern. Bevor ich aber tiefer in Jareds Geschichte einsteige, müssen wir uns mit der Tatsache auseinandersetzen, dass viele Menschen Jareds Geschichte gar nicht erst hören wollen. Manche glauben, dass Jared es *verdient*, sich selbst zu hassen, und dass er so viel wie möglich leiden soll. Sie meinen, Heilung bedeutet, dass er mit seinen Vergehen davonkäme. Für andere wäre seine Heilung vielleicht in Ordnung, aber sie wollen nichts davon hören. »Warum erzählst du nicht die Geschichte seiner Schwester?«, fragen sie. Ich habe mit Sicherheit weniger mit Gewalttätern gearbeitet als mit den Menschen, die man als unschuldige Trauma-Opfer bezeichnen würde.

---

[*]   Alle persönlichen Details wurden in dieser Geschichte geändert.

Aber gerade, weil es uns so schwerfällt, solche Geschichten zu hören, möchte ich von Jared erzählen. Sobald wir die Kollektivität von Leid erkennen, ist sonnenklar, dass ein Gewalttäter, den man im Gefängnis quält, nur umso wahrscheinlicher wieder jemandem schaden wird. Er wird sein Leid an jeden weitergeben, der das Pech hat, ihm über den Weg zu laufen.

Leid ist ebenso kollektiv wie Heilung. Manchen Menschen macht diese Vorstellung Angst, weil sie glauben, Heilung wäre eine Art Betäubungsmittel, das uns nichts mehr spüren lässt. Dabei löscht wahre Heilung Reue nicht aus. Sie wandelt Schmerz in Mitgefühl und macht uns sensibler für den Einfluss, den wir auf andere ausüben. Die eigentliche Heilung motiviert uns dazu, uns nützlich zu machen. Das kann so aussehen:

Als Jared während eines Meditationsretreats in Chicago zu einer persönlichen Beratung zu mir kam, war er den Tränen nahe. Er sagte: »Ich habe etwas Schreckliches getan und hasse mich dafür. Ist es denn überhaupt möglich, auch dann irgendeine Art von Frieden zu finden?« Ich antwortete, dass es immer möglich ist, Leid zu transformieren, dass man dafür aber echte Hingabe aufbringen muss. Dann fragte ich ihn, ob er sich mir anvertrauen wolle. Nachdem er seine Geschichte erzählt hatte, sagte ich ihm, ich könnte ihm helfen, aber es würde nicht leicht werden. Worauf er antwortete: »Ich bin zu allem bereit.«

Wir schwiegen eine Weile. Dann hieß ich ihn die Augen schließen und seine Aufmerksamkeit auf die Empfindungen in seinem Körper lenken. Als ich nach seinen Körperwahrnehmungen fragte, sagte er: »Ich will einfach nur sterben.«

Ich antwortete: »Das verstehe ich. Da ist eine Stimme in dir, die sagt, du willst sterben, und das ist in Ordnung. Wir können die Stimme ruhig erst mal dalassen.« Ich nahm

124   Kapitel 8

einen tiefen Atemzug und fuhr fort: »Was spürst du in deinem *Körper*, wenn diese Stimme da ist? Ist da eine Anspannung, Unruhe oder sonst irgendwas in der Art?«

Mit weiterhin geschlossenen Augen sagte er: »Ich fühle mich verdammt beschissen. Mir ist schlecht, und mein ganzes Gesicht ist extrem angespannt. Ich wünschte, ich könnte mich in Luft auflösen.«

»Gut, das ist perfekt«, versicherte ich ihm. »Und jetzt schau, ob du dir erlauben kannst, das alles zu fühlen, ohne zu versuchen, es loszuwerden. Vielleicht fühlt es sich schrecklich an, aber versuch mal nur ein paar Sekunden, damit zu sein. Vielleicht werden die Gefühle stärker, vielleicht bleiben sie auch genau so oder verändern sich. Was nimmst du jetzt wahr?«

»Es ist genau wie vorher, unverändert. Ich will das nicht mehr fühlen.«

»Sehr gut«, sagte ich. »Da ist eine Stimme in dir, die das nicht mehr fühlen will. Die Empfindungen sind da – die Übelkeit, die Anspannung –, und dann ist da diese Stimme, die diese Gefühle hasst. Schau mal, ob du beiden erlauben kannst, da zu sein. Sie sind ja schon da, du erlaubst ihnen also einfach nur, zu sein. Was nimmst du jetzt wahr?«

»Na ja, es beruhigt sich ein bisschen«, antwortete Jared. Seine Augen blieben geschlossen, während die Gesichtszüge weicher wurden und der Atem ruhiger.

Ich ließ ihn noch ein paar Minuten weiterpraktizieren mit der Aufgabe, radikale Akzeptanz in Körper und Geist zu üben. Als er relativ ruhig wirkte, bat ich ihn, sich als sieben Jahre alten Jungen zu sehen. Dann fragte ich, ob der Junge glücklich oder traurig aussehe.

»Er sieht nervös aus, irgendwie beunruhigt. Und ich weiß, dass er richtig einsam ist.«

»Gut. Was möchtest du ihm sagen, wenn du ihn da so siehst?«, fragte ich.

»Was du getan hast, finde ich verdammt schlimm«, antwortete Jared.

»Gut«, sagte ich beruhigend. »Kannst du dem Jungen sagen, *warum* du so schlimm findest, was er gemacht hat?«

»Du hast deine Schwester verletzt, dabei solltest du sie beschützen«, sagte er mit Wut in der Stimme.

Ich wartete einen Moment, bevor ich ihn bestärkte: »Ja, sag ihm, dass du nicht willst, dass seine Schwester verletzt wird. Und dann frag ihn, ob er sie denn verletzen wollte.«

»Ich will nicht, dass deine Schwester verletzt wird!«, schrie er fast. Er brach in Tränen aus, als er fragte: »Wolltest du sie verletzen?«

»Was hat er geantwortet?«, fragte ich.

»Er weint und sagt, dass er das nicht wollte. Er dachte, sie würden spielen.«

»Gut, bitte sag ihm das jetzt. Sag: ›Du hast gedacht, du würdest spielen, aber du hast sie sehr verletzt. Es wird ihr lange sehr schlecht gehen.‹ Sag ihm das und lass mich wissen, wie er reagiert.«

»Er weint und sagt, es tut ihm so leid«, antwortete Jared. »Aber was soll das Ganze? Das macht es nicht wieder gut. Der Schaden ist immer noch da.«

»Das stimmt.« Ich machte eine Pause und fuhr dann fort: »Jetzt schau dir diesen sieben Jahre alten Jungen an. Er weint und fühlt sich schrecklich, weil er solchen Schaden angerichtet hat. Er wollte niemanden verletzen und fängt jetzt erst an zu sehen, wie viel Leid er verursacht hat. Ich möchte, dass du seinen Schmerz und seine Reue siehst. Nimm dir so viel Zeit, wie du brauchst. Und wenn du den Impuls verspürst, ihm etwas zu sagen, dann tu es.«

Jared schwieg lange. Endlich sagte er: »Verdammt! Wär das doch alles nicht passiert!«

Ich schlug vor: »Sag dem Jungen doch mal, dass ihr *beide* wünschen würdet, es wäre gar nicht passiert.« Nach einer

126 Kapitel 8

Weile nickte er, um zu zeigen, dass es richtig klang. Dann fuhr ich fort: »Und jetzt sag ihm, dass du weißt, dass er es nicht getan hätte, wenn er gewusst hätte, wie sehr es seine Schwester verletzen würde. Lass mich wissen, ob es sich richtig anfühlt, das zu sagen.«

Jared antwortete nicht. Er fing an, hemmungslos zu weinen. Schließlich sagte er: »Ich möchte ihn hassen, aber er ist doch nur ein Kind.« Er weinte lange, bis er mich irgendwann anschaute und sagte: »Das funktioniert nicht. Jetzt fühl ich mich ja noch schlechter. Vielleicht ist der Hass weg, aber ich bin so verdammt traurig.«

»Das ist die Trauer«, sagte ich. »Du fängst jetzt an, richtig zu trauern. Komm noch mal mit der Aufmerksamkeit zum Körper zurück und sag mir, was du empfindest. Fühlt er sich angespannt oder schwer oder so ähnlich an?«

»Ein riesiger Stein liegt auf meiner Brust.«

»In Ordnung«, sagte ich. »Schau mal, ob du ihn da lassen kannst. Sag diesem Stein: ›Du kannst so schwer sein, wie du willst. Ich kann dich halten. Ich bin für dich da.‹ Nimm wahr, dass er dich nicht erdrückt.«

Er nickte und schwieg eine ganze Zeit. Alle paar Minuten erinnerte ich ihn daran, bei dem Gewicht auf der Brust zu bleiben – es zu spüren. Schließlich öffnete er die Augen, er sah vollkommen erschöpft aus. »Ich kann nicht damit umgehen«, sagte er, »dass ich alles spüre und nicht in der Lage bin, es wieder in Ordnung zu bringen.« Ich fühlte ihm das nach, stellte aber fest, dass er vielleicht gar nicht so machtlos wäre, wie er sich fühlte. Nach einigen weiteren Minuten, in denen er seiner Trauer nachspürte, sprachen wir über mögliche Schritte, die er unternehmen konnte, um Kinder vor sexuellem Missbrauch zu schützen. Dann war die Zeit um, er bedankte sich und ging.

Ich sah Jared nie wieder, aber ab und zu schreibt er mir eine E-Mail. Er setzt sich jetzt ehrenamtlich gegen sexuellen

Missbrauch bei Kindern ein. Er erzählt Eltern sogar seine Geschichte, um dann mit ihnen über Strategien zu sprechen, wie man Kinder schützen kann. Er schrieb mir, dass er sich jedes Mal, wenn er einer Gruppe von Eltern seine Geschichte erzählt, vorstellt, er hätte gerade ein Kind gerettet. Er übt sich außerdem weiter in der Wahrnehmung seiner Trauer. Er schreibt, dass sie erträglicher geworden ist, er sich aber nicht sicher ist, ob sie je aufhören wird.

Diese Geschichte hat es in sich, machen wir also eine kleine Pause.

Nicht jeder Sexualgewalttäter ist fähig zu einer solchen Transformation, schon gar nicht so schnell oder so direkt. Außerdem gibt es erwiesenermaßen echte Soziopathen – Menschen, die neurologisch gar nicht in der Lage dazu sind, Empathie zu entwickeln.[*] Trotzdem gibt es viel mehr Menschen, die in der Lage wären zu gesunden, aber nie die Chance dazu erhalten. Vor allem die Amerikaner sind gut darin, Menschen wie Abfall zu behandeln, und ich hoffe, Jareds Geschichte kann dieser Tendenz bei uns zumindest ein kleines bisschen entgegenwirken.

Wenn ich seine Geschichte erzähle, fühlen sich manche Leute davon getriggert. Andere fühlen sich – vor allem, wenn sie in der Vergangenheit jemanden verletzt haben und sich selbst dafür hassen – eher erleichtert. Du kannst jedenfalls aus allem lernen, was auch immer du jetzt gerade fühlst. Es kann dir zu einem höheren Zweck dienen. Wir wollen selbst in einer beschissenen Welt noch unser Menschsein bewahren. Aber Schmerz und Trauma können das unglaublich schwer machen. Alter Schmerz kann dazu führen, dass wir Bedrohungen wahrnehmen, wo gar keine sind, und das Gefahrenreaktionssystem in Gehirn und Kör-

---

[*] Laut Forschung sitzen sie überproportional häufig im Gefängnis oder besetzen Machtpositionen im Finanz- und Regierungssektor.

per aktivieren. Das wiederum wirft uns aus der Gegenwart und verschließt unser Herz und unseren Geist.

Jareds Geschichte ist ein Beispiel für das, was ich unter *Alten Schmerz heilen* verstehe. Heilung macht uns nicht glücklich darüber, dass wir Menschen verletzt haben. Sie macht uns auch nicht glücklich darüber, wie andere uns verletzt haben. Sie macht uns weder dumm, noch lässt sie uns vergessen. Stattdessen holt uns Heilung in die Gegenwart. Wir hören auf, in einer Welt zu leben, die durch unser Trauma bestimmt ist. Unser Schmerz darf einfach Teil unserer Lebensgeschichte sein. Heilung hilft uns, künftigen Traumata vorzubeugen, weil wir die Fähigkeit entwickeln, den Unterschied zwischen Sicherheit und Gefahr zu erkennen, statt überall nur Gefahren zu sehen. Und was am wichtigsten ist: Wenn Sicherheit, Freude und Liebe da sind, erlaubt uns Heilung, das alles noch tiefer zu erleben.

DER HUNDERTJÄHRIGE BAUM

Wenn du dir einen hundertjährigen Baum vorstellst, ist ziemlich klar, dass der fünfzigjährige Baum noch drinsteckt. Du kannst die Ringe zählen und auf den 50 oder 25 Jahre alten Baum zeigen. Die Vergangenheit des Baums ist nie wirklich verschwunden.

Menschen sind in dem Sinne ähnlich, dass unsere Erfahrungen in den Verbindungen der neuronalen Netzwerke im Gehirn gespeichert sind. Wenn dich zum Beispiel ein Hund gebissen hat, als du acht Jahre alt warst, wurden damals neue Verknüpfungen in deinem Gehirn hergestellt. Auf diese Weise speichert unser Gehirn Informationen. Beeinflusst dich diese Erfahrung noch immer, müssen einige dieser Verbindungen noch vorhanden sein, genau wie die Ringe in einem Baumstamm.

Wir können die Vergangenheit nicht ändern, aber wir können die Art verändern, auf die Erinnerungen im Gehirn abgespeichert werden. Die Neurowissenschaftler verwenden für diesen Prozess den Begriff *Rekonsolidierung der Erinnerung*. Unser Gedächtnis wird permanent überschrieben und auf der Grundlage neuer Erfahrungen verändert. Das ist ein breit erforschtes Phänomen.[*] Aus diesem Grund würde man dir, wenn du Zeuge eines Verbrechens wirst, sagen, dass du nicht darüber sprechen sollst, solange du nicht unter Eid ausgesagt hast, und man würde wollen, dass du so schnell wie möglich aussagst. Wir wissen, dass sich die Erinnerung an das, was du gesehen hast, jedes Mal ändert, wenn du über das sprichst (und übrigens auch schon dann, wenn du nur darüber nachdenkst).

Einfach ausgedrückt: Wann immer du eine Erinnerung aktivierst, gerät sie in einen Zustand, den Neurowissenschaftler als *labil* oder veränderlich bezeichnen. In diesem Zustand kann dein Erinnerungsvermögen neue Verbindungen mit allem, was gegenwärtig passiert, eingehen. Als Jaak Panksepp von Rekonsolidierung der Erinnerung sprach, hob er damit hervor, wie sie emotionale Erinnerungen beeinträchtigen kann. Er zeigte anhand von Laboruntersuchungen, dass sich immer dann, wenn ein Säugetier – Ratte, Affe oder Mensch – eine leidvolle Erinnerung aufruft, eine neue Assoziation entwickelt. Dies geschieht, sofern du den *Fürsorge-Schaltkreis*[**] (*Care Circuit*) in deinem Gehirn akti-

---

[*] Die Erinnerungen aus der Vergangenheit unverändert zu bewahren hätte evolutionär so gut wie keine Vorteile. Stattdessen priorisiert dein Gehirn jede verbesserte Vorhersage der Zukunft. Sämtliche Erinnerungen werden zur Herstellung von Modellen dafür verwendet, wie die Welt funktioniert, damit wir besser vorhersagen können, wie wir uns vor Gefahren schützen und unsere Bedürfnisse stillen können.

[**] Oder *Play Circuit* (Spielschaltkreis). Mehr über Panksepps Arbeit findest du in seinem Buch *The Archaeology of Mind*.

vierst. Wenn diese Erinnerung dann wieder im Langzeit-gedächtnis landet (d.h. rekonsolidiert ist), wird sie weniger schmerzlich sein. Leidvolle Erinnerung + Fürsorge-Schaltkreis = weniger leidvolle Erinnerung.

Dies ist das neurologische Rezept für emotionale Hei-lung. Mit anderen Worten, du konfrontierst dich mit dem Leid aus der Vergangenheit und verbindest dich zugleich mit Mitgefühl. Du heißt deinen Schmerz mit liebevoller Präsenz willkommen. Versuchen wir, vergangenes Leid ohne Mitgefühl zu verarbeiten, dann käuen wir unsere alten Geschichten nur wieder und verstärken sie noch. Lernen wir dagegen, unser Leid so in den Arm zu nehmen, als wäre es ein schreiendes Baby, wird echte Transformation mög-lich.

ÜBUNG

Beachte: Es gibt zwei Arten von Hindernissen, die bei dieser Übung auftreten können.

1. Vielleicht fühlst du dich überfordert. Das auftauchende Gefühl ist womöglich zu stark, als dass du es mit Mit-gefühl halten könntest.
2. Vielleicht bist du generell nicht in der Lage, Selbstmit-gefühl aufzubringen.

Bemerkst du eines dieser Hindernisse, brich die Übung ab und geh gleich zu S. 133 über. Du kannst später noch mal darauf zurückkommen. Hast du ein akutes Trauma erlebt oder die Tendenz, von starken Gefühlen überrollt zu werden, dann solltest du die Übung zusammen mit einem professionellen Therapeuten machen.

ÜBUNG

- Wähle eine für dich schmerzhafte Erfahrung aus der Vergangenheit aus. Am besten fängst du mit etwas Kleinem an und nicht mit dem Schlimmsten, was dir je zugestoßen ist. Es kann aus deiner Kindheit sein oder auch von heute.

- Denk an diese Erfahrung. Visualisiere dich selbst zu der Zeit, als es passierte. Entweder du visualisierst die eigentliche schmerzhafte Erfahrung, oder du siehst dich selbst ungefähr zur Zeit des Geschehens.

- Sobald du das Bild klar vor deinem inneren Auge siehst, nimm die Empfindungen wahr, die in deinem Körper aufsteigen – Anspannung, Unruhe oder sonst was in der Art. Liegt das Intensitätsniveau auf einer Skala von 10 nun bei ungefähr 4 bis 7, dann hast du für die Übung eine gute Erinnerung ausgesucht. Liegt es bei weniger als 4, solltest du eine schwierigere Erinnerung nehmen. Liegt es bei 8 oder höher, solltest du eine weniger belastende Erinnerung nehmen.

- Sobald du eine Erinnerung parat hast, die dich bekümmert, aber keinen allzu großen Schmerz hervorruft, fokussier dich auf deine Körperempfindungen. Erlaube dir, diese Empfindungen wahrzunehmen, ohne sie ändern zu wollen. Lass sie entweder dableiben oder gehen, ganz wie sie wollen. Üb das mindestens fünf Minuten lang.

- Verbinde dich jetzt mit etwas oder jemandem, der dir Mitgefühl schenken könnte – einer Person oder einem Lebewesen, die oder das dich in diesem Augenblick des Leidens lieben oder akzeptieren könnte. Das könnte dein erwachsenes Ich sein, jemand, den du gekannt hast, eine religiöse Persönlichkeit, ein Tier oder sonst etwas. Konzentriere dich auf diese Quelle des Mitgefühls, bis du so was wie Wärme, eine Offenheit oder eine ähnliche physiologische Reaktion im Körper wahrnimmst. Das zeigt uns, dass dein Fürsorge-Schaltkreis aktiv ist.

- Stell dir jetzt vor, wie du Liebe und Akzeptanz aus deiner Quelle des Mitgefühls zu dem Teil von dir sendest, der leidet. Die Botschaft aus Mitgefühl könnte sich in freundlichen Worten, im Leuchten von irgendeiner Energie oder in sonst einem Ausdruck von Liebe zeigen. Wichtig ist hier, dass es sich für dich nach Liebe anfühlt.
- Mach die Übung so lange, wie es sich für dich gut anfühlt.

Diese Übung ist eine Möglichkeit, die Rekonsolidierung der Erinnerung bewusst zu nutzen, um Schmerz aus der Vergangenheit zu heilen. Du aktivierst eine negative Erinnerung und gleichzeitig den Fürsorge-Schaltkreis in deinem Gehirn. Wenn du die Übung jetzt mit einem guten Gefühl abgeschlossen hast, kannst du sie täglich nutzen.

WENN DICH DAS ÜBERFORDERT: ÜBE!

Manchmal ist es zu qualvoll, eine schlimme Erinnerung wieder aufzugreifen. In diesem Fall gibt es ressourcenbildende Übungen, die uns helfen können, wieder in den gegenwärtigen Augenblick zurückzufinden und uns in einen positiven emotionalen Zustand zu versetzen. Falls du ein akutes Trauma, Dissoziation oder Sucht erlebt oder einfach eine Tendenz hast, von starken Gefühlen überrollt zu werden, solltest du dich erst mal in solchen Praktiken üben. Wenn du sie so weit entwickelt hast, dass du sie zur Gefühlsregulierung nutzen kannst, ist es leichter, Schmerzhaftes aus der Vergangenheit aufzusuchen. Probier die beiden folgenden Übungen aus. Welche fühlt sich für dich kraftvoller an? Sollte das bei keiner der beiden der Fall sein, geh zum nächsten Kapitel über.

MITGEFÜHL AUSSENDEN

- Schließ die Augen und versuche, etwas oder jemanden zu visualisieren, das oder der natürliche, zwanglose Wärme und Liebe in dir aufsteigen lässt. Das könnte ein Baby, ein Tier, ein Tierkind oder sonst irgendwas sein.
- Wenn du das Bild vor deinem inneren Auge siehst, lass es so klar wie möglich werden. Nimm deine Körperempfindungen wahr. Spürst du Wärme, Offenheit oder so etwas in der Art? Erlaube den Gefühlen in deinem Körper, so stark zu sein, wie sie wollen.
- Sprich mit diesem klaren Bild im Kopf folgende Sätze, die du nach Belieben ändern oder auch ganz weglassen kannst. Versuche es mal mit: »Mögest du glücklich sein. Mögest du gesund sein. Mögest du in Sicherheit

sein. Mögest du geliebt sein.« Werden die positiven Körperempfindungen stärker, dann wiederhol diese Sätze.

- Üb so lange, wie es sich gut anfühlt.

MITGEFÜHL EMPFANGEN

- Schließ die Augen und versuch, eine Person oder ein anderes Lebewesen zu visualisieren, die oder das dich genau so liebt und akzeptiert, wie du bist. Das könnte jemand sein, den du mal gekannt hast, eine religiöse Persönlichkeit, ein weißes Licht oder sonst irgendwas.
- Hast du das Bild vor Augen, lass es so klar und deutlich wie möglich werden. Nimm deine Körperempfindungen wahr. Spürst du Wärme, Offenheit oder etwas in der Art? Erlaube deinen Körperempfindungen, so stark zu sein, wie sie wollen.
- Schau, ob du ihre oder seine Liebe und Akzeptanz spüren kannst. Nimm sie körperlich wahr.
- Stell dir jetzt vor, das Wesen sagt zu dir: »Mögest du glücklich sein. Mögest du gesund sein. Mögest du in Sicherheit sein. Mögest du geliebt sein.« Du kannst die Sätze auch verändern oder ganz auslassen, wenn sie sich nicht richtig anfühlen. Werden die positiven Körperempfindungen aber stärker, dann wiederhole die Sätze.
- Üb so lange, wie es sich gut anfühlt.

KAPITEL 9

DU BIST NICHT NICHT VERRÜCKT

Am häufigsten hemmen sich Menschen dadurch,
dass sie meinen, sie wären machtlos.
ALICE WALKER

Meine Zwanziger verbrachte ich hauptsächlich in einer Fernbeziehung mit einer Frau, die mir alles andere als guttat. Sie studierte Medizin in Denver, ich lebte in Oakland. Damals war ich nicht einfach nur blöd und Hals über Kopf verliebt. Ich war dämlich bis hin zu selbstzerstörerisch. Obwohl meine Freunde mir unmissverständlich zu verstehen gaben, dass ich einen Riesenfehler machte, hielt ich wie eine verdammte Klette an der Beziehung fest.

Einerseits war meine Freundin wunderschön, brillant, geistreich und unglaublich faszinierend. Unsere Telefongespräche wären einen Podcast wert gewesen – sie deckten sämtliche wissenschaftlichen Themen, die klassische Kunst und die Avantgarde ab und waren immer wahnsinnig komisch. Andererseits zeigte sie mir immer nur dann Zuneigung, wenn ich gerade irgendetwas Außergewöhnliches gemacht hatte. Sie war zu 1000 Watt starken Liebesbekundungen in der Lage, behielt sie sich aber für die Augenblicke vor, in denen ich etwas Kluges oder Witziges von mir gegeben oder was Kreatives und Besonderes für sie getan hatte.

Wenn ich mit meinen Witzen nicht landete oder – noch schlimmer – mich irgendwie zu sehr anstrengte, entzog sie mir ihre Zuneigung komplett. Ich schrieb ihr ständig Lieder, stattete ihr per Flieger Überraschungsbesuche ab (obwohl ich Teilzeit auf dem Bau jobbte und fast kein Geld hatte) … und war ständig unglücklich.

Die reinste Hölle wurde unsere Beziehung, wenn ich einen schweren Tag gehabt oder mir gerade extraviel Mühe gegeben hatte, um sie glücklich zu machen, sie aber von der Uni zu müde war, um mir die Zuwendung, die ich brauchte, zu geben. So oder so, ich wollte ein bisschen Liebe und kriegte sie nicht. Ich fühlte mich dann zurückgewiesen, was mich in ihren Augen noch weniger attraktiv machte und sie dazu brachte, sich noch mehr zurückzuziehen. Das ging so weit, dass ich sie buchstäblich um Liebesbekundungen anbettelte und sie mich abwies.

Solltest du damals einer meiner Freunde gewesen sein: Tut mir echt leid, dich mit diesem ganzen Mist belästigt zu haben. Ich war völlig verloren in dieser Beziehung, ständig beklagte ich mich über denselben Quatsch, war aber nicht bereit, die Frau zu verlassen. Ich sagte allen, sie wäre so viel klüger und lustiger als jede andere, der ich je begegnet wäre, und ich würde mit Sicherheit nie wieder jemanden finden wie sie. Das war natürlich Blödsinn, was außer mir jeder wusste. Ich hätte in meinen Zwanzigern so viel mehr Spaß haben können. Aber die Geschichte lässt sich nicht neu schreiben, und ich war viel zu beschäftigt damit, ein Volldepp zu sein.

ODER WAR ICH VIELLEICHT GAR KEIN VOLLDEPP?

Ich gebe zu, dass ich entschieden *wirkte* wie ein irrationaler, unverbesserlicher Volldepp, als ich kostbare Jahre meiner Jugend in einer unglücklichen Beziehung vertat. Aber da bin ich nicht der Einzige. Wir sabotieren uns selbst, handeln wider besseres Wissen oder versäumen zu tun, wovon wir *genau wissen*, dass es uns das Leben erleichtern würde. Man kann uns noch so oft sagen, dass wir bescheuert sind, es wird nicht helfen. Wir brauchen ein Mittel, um diese Verhaltensweisen zu verstehen, damit wir hoffentlich anders handeln können – oder uns zumindest nicht so schuldig fühlen.

Eine grundlegende Beschaffenheit des menschlichen Gehirns macht dieses Verhalten leichter verständlich: Es denkt nicht nur jeweils einen Gedanken. Tatsächlich spielen sich in jedem Augenblick buchstäblich Millionen (manche Forscher sprechen von Milliarden) sehr unterschiedliche mentale Prozesse im Gehirn ab. In diesem Moment reguliert unser Gehirn den Herzschlag, hält den Gleichgewichtssinn aufrecht, überträgt abstrakte Formen auf Papier (oder auf einem Bildschirm) in Worte und Ideen und vergleicht diese mit unseren Erfahrungen. All das passiert gleichzeitig. Und wir brauchen uns so gut wie gar nicht anzustrengen.

Wenn diese Prozesse halbwegs harmonisch ineinandergreifen, können wir uns der angenehmen Vorstellung hingeben, dass wir eben jemand sind, der ein und dasselbe denkt und fühlt. Wir werden uns der Komplexität nur dann bewusst, wenn Konflikte auftauchen. Fühlst du dich zum Beispiel hin- und hergerissen, wenn es um einen neuen Job geht – also begeistert und ängstlich zugleich –, dann wird das so sein, weil zwei verschiedene Teile von dir deine Lage auf unterschiedliche Weise wahrnehmen.

Objektiv ist die Lage unvorhersehbar, doch wird sie von verschiedenen Teilen von dir unterschiedlich beurteilt. Stell dir vor, ein neuronales Netzwerk in deinem Gehirn besteht aus den Erinnerungen an sämtliche Zeiten, in denen Veränderungen in deinem Leben Gutes bewirkt haben. Es sagt nun, dass deine derzeitige Lage in etwa in seine Kategorie passt (wir nennen das dann *Neuanfang = das Leben wird besser*). Es sieht diesen Neuanfang und weckt positive Gefühle in dir.

Jetzt gibt es aber vielleicht noch ein zweites neuronales Netzwerk in deinem Gehirn, das aus den Erinnerungen an die Misserfolge besteht. Es nimmt dieselbe objektive Lage auf ganz andere Weise wahr. Dieses Netzwerk hält nach

140 Kapitel 9

Hinweisen auf ein mögliches Scheitern Ausschau, und manche Elemente deines neuen Jobs passen nun mal auch in seine Kategorien hinein (z. B. *fremden Menschen begegnen* = *sie können gemein sein*; und *Neues ausprobieren* = *Scheitern*). Dieses neuronale Netzwerk aktiviert jetzt wiederum negative Gefühle. Diese beiden, voneinander getrennten Auswertungen rufen zwei unterschiedliche emotionale Reaktionen in deinem Gehirn und Körper hervor. Also beläuft sich deine gelebte Erfahrung in dieser Situation auf: »Ich habe gemischte Gefühle.«

Wir können Personen, deren Handlungen irrational oder autodestruktiv scheinen, leichter verstehen, wenn wir uns diese emotionale Vielfalt bewusst machen. Hier steht kein irrationaler Depp. Es kommen einfach nur verschiedene mentale Prozesse zu ein und derselben Situation in ihm zu widersprüchlichen Schlüssen. Jeder Prozess kommt aufgrund der eigenen, begrenzten Perspektive zu einem rationalen Ergebnis.

Was ging also in mir vor, wenn ich zu meinen Freunden sagte: »Ich weiß, dass ich sie verlassen sollte, aber ich habe nun mal das Gefühl, dass sie zu besonders ist, als dass ich loslassen könnte«? Mit Sicherheit war da mindestens ein neuronales Netzwerk, das aus meinem Studium klinischer Psychologie, aus der Meditation und aus Unmengen von Büchern über Selbsthilfe entstanden war. Es beurteilte meine damalige Beziehung und sagte: »Das ist NICHT gesund. Du willst eine Beziehung, in der deine Partnerin dich unterstützt, wenn du leidest. Das ist ziemlich banal und grundlegendes Zeug.« Deshalb würden manche sagen: »Du wusstest es doch eigentlich besser«, aber ich denke, präziser sollte es heißen: »Ein Teil von mir wusste es besser.«

Denn zugleich war da noch ein anderes neuronales Netzwerk in mir, mit einer ganz anderen Geschichte. Um diesen Teil verstehen zu können, brauchst du ein bisschen mehr

Hintergrundwissen zu meiner Kindheit. Ich habe schon erwähnt, dass ich mit einer alleinerziehenden, alkoholkranken Mutter aufgewachsen bin. Als ich acht war, hörte sie mit dem Trinken auf und ging regelmäßig zu den Anonymen Alkoholikern, aber sie war fast meine ganze Kindheit über emotional für mich unerreichbar. Seitdem haben wir beide viel gelernt und verstehen uns wesentlich besser, aber bis dahin war es ein weiter Weg.

Auch heute noch kommt meine Mutter mit dem Schmerz anderer nicht besonders gut zurecht. Ist jemand, den sie liebt, betrübt, dann bringt sie das umso mehr aus der Fassung. Wenn ich mich als Kind verletzte, war sie immer viel schockierter als ich. Einmal wurde ich auf dem Rad von einem Auto angefahren, nur ein paar Ecken entfernt von da, wo wir wohnten. Als ihr die Nachbarn Bescheid gaben, kam sie die Straße heruntergerannt, um nach mir zu sehen. Ich erinnere mich noch, wie ich sie, während ich auf dem Asphalt lag, zu trösten und zu beruhigen versuchte, bis der Krankenwagen kam.

Meine Mutter war (und ist) auch sehr stolz auf mich und geriet angesichts meiner Erfolge immer völlig aus dem Häuschen. Das führte zu einem Intimitätsmuster, das dem meiner schrecklichen Freundin sehr ähnelte. Wenn ich stark und erfolgreich war, überschüttete meine Mutter mich mit Komplimenten (das ist ihre Art, Zuneigung zu zeigen). Wenn ich mich schwertat, versetzte sie das so in Panik, dass ich keine Liebe mehr abbekam.

Das alles kann ich mittlerweile so sagen. Als Kind hatte ich natürlich noch keinen Überblick. Stattdessen versuchten sich die kleinen Neuronen in meinem Kinderhirn eine Geschichte zusammenzubasteln, die diesem Intimitätsmuster einen Sinn gab. Sie versuchten, ein Modell dafür herzustellen, wer ich eigentlich bin und was ich tun muss, um die Liebe zu bekommen, die ich brauche. Diese Neuronen ließen sich die Geschichte einfallen: »Mom liebt dich, wenn du es verdienst, geliebt zu werden. Und das ist nur dann der Fall, wenn du ganz außergewöhnlich bist.« Als ich nun damals diese Frau kennenlernte, sagte dieses alte neuronale Netzwerk: »Wow! Passt genau. Sie gibt dir nur dann Liebe, wenn du es verdienst. Dann muss ihre Liebe ja ehrlicher sein als die dieser komischen Gestalten, die dich die ganze Zeit lieben.«

Diese bedingte Liebe machte mich abhängig. Ich musste sie mir verdienen, und es war unglaublich befriedigend, wenn ich sie dann bekam. Das Muster war mir vertraut und passte hervorragend zu der Kerngeschichte, nach der ich nur Liebe verdiente, wenn ich außergewöhnlich war. Die Schattenseite war natürlich der Glaube, dass ich die Liebe meistens nicht verdiente – und das ist wiederum eine fürchterliche Lebensgrundlage.

EIN TRANSFORMATIVER AUGENBLICK

Festzustellen, dass zwischen der mangelnden Liebe in meiner Beziehung und der mangelnden Liebe in meiner Kindheit eine Verbindung bestand, fiel mir nicht leicht. Ich fand eine Million Gründe, warum meine Freundin die einzig Richtige für mich war. Erst als ein Freund von mir, der meditierte und klinische Psychologie studierte, die Nase gestrichen voll hatte von meinem Gejammer, fiel es mir wie Schuppen von den Augen.

Er sagte mir, ich sollte mir meine Freundin vorstellen in einem Moment, in dem ich Zuwendung wollte, aber nicht bekam. Da das ständig passierte, fiel mir das nicht weiter schwer. Dann sollte ich meine Körperempfindungen wahrnehmen, während ich um ein bisschen Freundlichkeit bettelte. Diese Visualisierung ließ er mich ziemlich lang machen – zum Teil, damit ich mit all den Gefühlen in Berührung kam, zum Teil (ganz sicher!) aus Sadismus.

Nachdem ich diese schrecklichen Körperempfindungen eine ganze Weile ausgehalten hatte, stellte er mir eine Frage, die ich seitdem bei Tausenden von Menschen angewendet habe. Er fragte: »Wann genau hast du diese Gefühle zum ersten Mal verspürt?« In diesem Augenblick brachen alle meine Widerstände in sich zusammen. Ich erkannte, dass ich in dieser Beziehung die schmerzhaftesten Aspekte meiner Bindung an meine Mutter wiederholte. Und als ich das erkannt hatte, konnte ich nicht mehr zurück. Es war vorbei. Ich trennte mich noch am selben Abend. Und nach einer Weile im Singledasein fühlte ich mich dann zum ersten Mal zu Frauen hingezogen, die mich bedingungslos unterstützten.

LEBEN UND TOD EINES NEURONALEN NETZWERKS

Was war da passiert? Was war das für eine Erfahrung, dass sie mich so sehr veränderte? Wenn mein Freund mir einfach nur gesagt hätte, dass meine Freundin meiner Mutter sehr ähnelte, hätte ich ihm niemals zugehört. Das weiß ich, weil er das mehr als einmal gemacht hat. Aber er sagte es mir nicht einfach nur. Und er zeigte es mir auch nicht einfach nur. Er stellte sicher, dass er *den Teil von mir* ansprach, der sich weigerte, die Beziehung zu beenden, und machte es genau diesem Teil klar.

An dieser Stelle ist es sicher hilfreich, wenn wir ein bisschen mehr darauf eingehen, wie die Millionen von neuronalen Netzwerken in unserem Gehirn zusammenarbeiten (oder auch nicht). Als Kind reimten sich einige dieser kleinen Neuronen in meinem Gehirn eine Geschichte zusammen, die mir eine Erklärung dafür lieferte, warum meine Mutter manchmal liebevoll war, manchmal aber auch nicht. Diese lautete: »Man muss außergewöhnlich sein, um Liebe zu verdienen.« Diese Geschichte machte einen Superjob, weil sie vorhersagte, wann ich von meiner Mutter Liebe kriegen würde und wann nicht. Immer wenn die Vorhersage stimmte, sagte mein Gehirn: »Die Geschichte muss stimmen«, sodass das neuronale Netzwerk gestärkt und schließlich zu einer Grundüberzeugung wurde.

Dies führt uns zu einem Problem in der Organisation des Gehirns. Hat die Geschichte eines neuronalen Netzwerks in der Genauigkeit seiner Vorausbestimmung erst mal eine bestimmte Schwelle überschritten, wird sie fast immun gegen Gegenbeweise. Wir wissen nicht, warum, die Computational Neuroscience hätte da allerdings ein paar Ideen.

Für mich klingt folgende Theorie am plausibelsten: Als diese Neuronen zum ersten Mal mit ihrer Geschichte ankamen, waren sie gewissermaßen noch auf Bewährung. Ein höhergestellter Teil meines Gehirns überwachte die Geschichte und achtete darauf, wie gut sie das Verhalten meiner Mutter vorhersagte. Dieser hochgestellte Teil meines Gehirns war so was wie der Supervisor für die Qualitätskontrolle. Er hatte Zugang zu einer Masse an Informationen, darunter auch alles, was ich bewusst registrierte. Nachdem die Geschichte »Du verdienst nur Liebe, wenn du außergewöhnlich bist« ungefähr 5000 Mal am Stück richtige Voraussagen getroffen hatte, beschloss das höhergestellte Überwachungsgerät in meinem Gehirn: »Du hast offensichtlich recht, Bewährung bestanden. Ab jetzt konzentriere ich mich auf anderes Zeug.« Ab diesem Punkt lief die Geschichte im Wesentlichen unbeaufsichtigt weiter.

Und was passiert mit einer Geschichte, die nicht weiter

beaufsichtigt wird? Ab jetzt ist sie so gut wie immun gegen jeden Gegenbeweis, denn unser Gehirn ist geizig mit seiner Rechenleistung. Die einzelnen Geschichten in deinem Gehirn sind so programmiert, dass sie möglichst alles ignorieren, was nicht konkret mit ihnen in Verbindung steht. Sie sollen nur dann aktiv werden, wenn sie gebraucht werden. Zum Beispiel soll das für höfliches Benehmen zuständige neuronale Netzwerk in deinem Gehirn so lange ruhen, bis genau dieses Benehmen gebraucht wird, also erst dann aktiv werden und seinen Job erledigen, wenn du dich – sagen wir – in ein schönes Restaurant setzt.

Daher ruhte der Teil von mir, der »Du verdienst nur dann Liebe, wenn du außergewöhnlich bist« glaubte, bei allen meinen Erlebnissen, die nichts mit dieser Geschichte zu tun hatten. In der Nähe von meiner Mutter oder von sonst jemandem mit einem ähnlichen Zuwendungsmuster wurde er aktiv. Im College dagegen, wo mir immer mehr Leute begegneten, die mich bedingungslos unterstützten, trat dieses neuronale Netzwerk gar nicht erst in Aktion. Sie passten nicht ins Muster, daher waren sie irrelevant. So kann eine Grundüberzeugung jahrelang trotz überwältigender Gegenbeweise beibehalten werden. Sie wird aktiv, sobald dein Leben ihrer Geschichte entspricht, und ruht bei allem, was sie infrage stellen würde.

Nachdem sich diese Grundüberzeugung in mir gefestigt hatte, übte sie entscheidenden Einfluss auf die Art und Weise aus, wie ich Intimität erlebte. Bedingungslose Unterstützung fühlte sich zwar gut, aber unvertraut an. Auf der anderen Seite aktivierten Menschen, die nur nett zu mir waren, wenn ich irgendwas Außergewöhnliches leistete, einen Teil meines Gehirns, der mir sagte: »Das ist *wahre Liebe.*«

Mein Freund wusste, wie er mich dazu bringen konnte, diese Geschichte loszulassen, weil er wusste, wie man sie aktivieren konnte. Er wusste, dass noch so viele Gegenbeweise nichts gegen eine tief verwurzelte Überzeugung ausrichten konnten, solange das entsprechende neuronale Netzwerk ruhen durfte. Deshalb ließ er mich meine Freundin visualisieren, als wir mitten in unserer größten Krise steckten. Er wartete, bis er ganz sicher war, dass sämtliche mit dieser Dynamik verknüpften neuronalen Netzwerke aktiv waren. Erst in diesem Moment traf sein bisschen Gegenbeweis genau ins Schwarze und veränderte mein Leben.

WIE DU MENSCHLICH BLEIBEN KANNST, WENN DU DICH SELBST HASST

Jeder hat irgendetwas, das er an sich nicht leiden kann oder gern anders hätte. Der eine ist selbstkritisch. Der Nächste unterlässt bestimmte Sachen, von denen er weiß, dass sie ihm das Leben erleichtern würden, oder ist nicht konsequent genug. Wieder ein anderer kann es nicht lassen, selbstdestruktiv zu sein und sich zu verachten.

In Kapitel 3 ging es darum, unseren Schmerz so zu halten, als hätten wir ein schreiendes Baby im Arm. Schade nur, dass unser Schmerz meist nicht aussieht wie ein süßes kleines Baby, sondern wie ein verdammtes Monster, das uns am liebsten den Kopf abreißen würde. Wie können wir also zärtlich und mitfühlend gegenüber den Teilen von uns sein, die wir hassen?

Mein Lehrer Thich Nhat Hanh sagt: »Verstehen ist Liebe.« Er glaubt, dass jeder noch so hässliche Teil der Welt total liebenswert wird, wenn man ihn nur tief genug versteht. Die Welt zu lieben hindert uns nicht daran, für sozialen Wandel zu arbeiten. Es hindert uns nicht daran, aktiv gegen Gewalt und Unterdrückung vorzugehen. Im Gegenteil, genau diese Liebe ermöglicht es uns, unsere Arbeit langfristig auszuüben.

Wir müssen hier sehr genau zwischen Liebe und Billigung unterscheiden. Wenn ich lerne, die selbstkritische Stimme in mir zu lieben, *heißt das nicht*, dass ich sie billige. Ich sehe sie einfach als einen Ausdruck von Schmerz und erkenne sie als etwas, das auf seine kaputte Art nach Hilfe sucht, an. Ich sehe unsere tragisch schöne, menschliche Natur darin. Sie leidet, sucht nach Erlösung, weiß aber nicht, wie sie die finden soll. Sie ist wie der Vogel, der in einem Zimmer gefangen ist und im Verlangen nach Freiheit immer wieder gegen die Fensterscheibe schlägt. Weil ich weiß, dass diese Stimme aus ihrer tiefsten Überzeugung dem Leben dient, kann ich Mitgefühl mit ihr empfinden. Dieses deutliche Verständnis ruft eine besondere Art von Zärtlichkeit hervor – eine Zärtlichkeit, die anknüpft und helfen möchte.

ÜBUNG

Falls es in deinem Leben Dinge gibt, die unlogisch oder resistent gegen jede Veränderung sind, kannst du durch die folgende Übung lernen, ein Verständnis zu entwickeln, das zu Selbstmitgefühl und Transformation führt.

- Denk an irgendetwas, das du gern an dir ändern würdest. Am besten hast du es schon vergeblich versucht zu ändern. Benenne es und beschreib genau, wie du es gern anders hättest. Geht es um eine konkrete Situation, benenne, wie du in dieser Situation gern anders handeln, dich fühlen oder denken möchtest. Schreib alles auf, was dir dazu einfällt.
- Visualisier dich jetzt in einer Szene, in der genau das auftaucht, was du gern ändern möchtest. Lass das Bild

so klar werden, bis du wahrnimmst, wie in deinem Körper Gefühle aufsteigen. Idealerweise sollte die Gefühlsintensität bei einer Skala bis 10 ungefähr bei 4 bis 7 liegen.

- Lass dir ein bisschen Zeit, um die Körperempfindungen wahrzunehmen, und erlaube ihnen, so stark zu sein, wie sie wollen. Du bist mit der Sache im Kontakt, die du ändern möchtest, und offen für alle Gefühle, die da kommen mögen. Konzentrier dich weiter auf deinen Körper. Alles, was an Gefühlen auftaucht, ist willkommen.

- Sag dir, während du mit diesen Körperempfindungen in Verbindung stehst, folgende Sätze und schau, ob sie sich richtig anfühlen:

  »Da ist etwas in mir, das nicht aufhören will, sich so zu fühlen oder das mit mir zu machen.«

  »Da ist etwas in mir, das daran festhalten will.«

  »Da ist etwas in mir, das findet, dass ich das verdiene.«

  Nimm wahr, ob sich einer der Sätze richtig anfühlt. Wenn nicht, ist das völlig in Ordnung.

- Frag dich: »Wann habe ich mich zum ersten Mal *genau so* gefühlt?« Falls eine Erinnerung aufkommt, visualisier dich so, wie du damals warst. Falls nicht, mach dir keine Sorgen. Geh über zum nächsten Schritt.

- Nimm weiter deine Körperempfindungen wahr und spüre den Kontakt zu diesem Teil von dir. Versuch dir zu sagen: »Ich bin bereit, dir zuzuhören. Du kannst mir erzählen, was deine Aufgabe ist, was du zu tun versuchst und warum das so wichtig ist. Ich werde dich nicht angreifen.« Nimm alles wahr, was hochkommt.

- Achte darauf, dass das, was du ändern willst, aktiviert ist und dass du es im Körper spüren kannst. Hat dieses

Verhalten oder diese Geschichte vielleicht irgendeinen Sinn, der dem Leben dient? Höchstwahrscheinlich ist es eine Reaktion auf eine emotionale Verletzung. Versuch Mitgefühl mit diesem Teil von dir zu haben, der glaubte, dass dieses Verhalten oder die Geschichte die Lösung zu einem wichtigen Problem war.

- Versuch jetzt, folgenden Satz zu Ende zu sprechen. Sprich den Anfang laut aus und beende den Satz mit dem, was dir als Erstes einfällt, auch wenn es vielleicht gar keinen Sinn ergibt. Tu das mindestens fünfmal. »Ich weigere mich, Mitgefühl mit mir zu haben (oder mich zu lieben), denn wenn ich das hätte, dann …«
- Benenne jetzt die emotionale Verletzung, die zu deiner Geschichte oder deinem Verhalten geführt hat. Versuch zu beschreiben, wie die Geschichte versucht hat, dieser Verletzung einen Sinn zu geben, oder wie dein Verhalten dafür sorgen sollte, dich zu beschützen.
- Halte den emotionalen Schmerz liebevoll und mitfühlend. Halte ihn so, als würdest du ein schreiendes Baby im Arm halten.
- Sprich mit dem Teil von dir, der für das problematische Verhalten oder die Geschichte zuständig ist. Behandle ihn nicht wie einen Feind. Lass ihn wissen, dass du helfen möchtest, und gib ihm freundlich alle Informationen, die ihm fehlen.

Wenn wir die hässlichen Seiten an uns lieben lernen können, wird es viel leichter, auch andere Menschen zu lieben. Bei dieser Übung geht es darum, etwas anzuschauen, das uns böse, dumm, irrational, dysfunktional oder wie auch immer vorkommt. Wir betrachten es in der Annahme, dass ein Teil von uns aus einem wunderschönen, dienenden

150   Kapitel 9

Grund an etwas festhält, das negativ zu sein scheint. Sobald diese Denkweise natürlich geworden ist, wird es viel leichter, auch im gestörten Verhalten anderer die dem Leben dienende Motivation zu erkennen.

KAPITEL 10

FURCHTLOS WERDEN

*... dass man nichts anders haben will,
vorwärts nicht, rückwärts nicht, in alle Ewigkeit nicht.
Das Notwendige nicht bloß ertragen,
noch weniger verhehlen ... sondern es lieben.*
FRIEDRICH NIETZSCHE

m Sommer 2005 machte ich mich auf den Weg nach Plum Village, in das buddhistische Kloster von Thich Nhat Hanh. Ich wollte dort in den Semesterferien drei Monate bei ihm praktizieren und lernen. Die Klostergemeinschaft hatte mir Kost und Logis gegen Arbeit angeboten, sodass ich umsonst dort wohnen konnte. Ich gab meine letzten Dollars für ein Flugticket aus und packte meine sämtlichen Habseligkeiten in meinen Pick-up. Mein Plan war es, ihn auf einem bewachten Parkplatz in der Nähe des Flughafens abzustellen.

Aber Pläne können sich ändern. In der Nacht vor meinem Flug schlief ich auf dem Sofa eines Freundes in Oakland. Als ich morgens aufwachte, war dort, wo mein Pick-up mit meinen Siebensachen (samt Reisepass) gestanden hatte, nur noch ein kleines Häufchen Glasscherben. Alles war weg. Ich hatte kein Geld, keine Bleibe und keinen weiteren Besitz als die Kleider am Leib. Ich besaß ein Hin- und Rückflug-Ticket nach Frankreich, aber keinen Pass. Und was das Schlimmste für mich war: Die Chance, bei meinem Lehrer zu lernen, war futsch. Und trotzdem hatte ich jetzt, wo ich alles verloren hatte, den Impuls zu lächeln.

Es gibt da eine Geschichte, in der der Buddha mit einer Gruppe Mönchen auf einer Anhöhe sitzt. Sie freuen sich an dem bisschen Essen, das sie an diesem Tag erbettelt haben. Da kommt ein Bauer den Weg hochgelaufen. Er weint und schreit. Er fragt den Buddha: »Mönch, hast du meine Kühe gesehen? Als ich heute früh aufwachte, waren sie weg. Ich habe doch nur diese paar Kühe und sonst nichts auf der Welt. Insekten haben vor ein paar Wochen mein kleines

Sesamfeld zerstört. Wenn ich meine Kühe nicht wiederfinde, bin ich am Ende und muss mir das Leben nehmen. Bitte, Mönch, sag mir: Sind sie hier vorbeigekommen?«

Der Buddha sah den Bauern voller Mitgefühl an und antwortete: »Es tut mir leid, aber deine Kühe sind hier nicht langgekommen. Du musst woanders nach ihnen suchen.« Der Bauer heulte auf und lief davon. Als er fort war, lächelte der Buddha seine Mönchsbrüder an und sagte: »Was für ein Glück für euch, dass ihr keine Kühe zu verlieren habt.«

Diese Mönche hatten alles aufgegeben, um im Wald zu leben und um Nahrung zu betteln. Das Pali-Wort, das wir in der Regel mit dem Wort »Mönch« übersetzen, heißt *bhikkhu*, was eigentlich einfach nur Bettler bedeutet. Für mich geht es bei der Geschichte um die Furchtlosigkeit, die vom Loslassen kommt. Es ist ein enormer Unterschied, ob du deine Kühe verlierst oder sie loslässt. In beiden Fällen hast du am Ende keine Kühe, im ersteren aber quälst du dich, im letzteren bist du befreit.

Deine Kühe loszulassen heißt nicht, dass du sie nicht liebst oder sie etwa loswerden musst. Es geht eher um einen Geisteszustand, in dem dir klar ist, dass das Leben auch dann schön sein wird, wenn deine Kühe weg sind. Sie können da sein oder nicht, dir wird es in beiden Fällen gut gehen. Tatsächlich kann das Loslassen uns sogar helfen, noch bedingungsloser zu lieben. Habe ich etwas oder jemanden erst mal losgelassen, kann ich beides so viel mehr wertschätzen, wenn es da ist, denn jetzt muss ich nicht ständig Angst davor haben, es zu verlieren.

Als ich an diesem Morgen in Oakland auf die Straße ging und sah, dass mein Pick-up weg war, musste ich tatsächlich lachen. »Jetzt habe ich keinen Pick-up mehr zu verlieren«, war meine erste Reaktion. Wir riefen die Polizei, und mein Freund kümmerte sich um den Polizeibericht, während ich mir eine Mitfahrgelegenheit nach San Francisco zur US

Passport Agency organisierte. Sie stellten mir tatsächlich noch rechtzeitig einen Ersatzpass aus, sodass ich meinen Flug noch schaffte. Hoch über dem Atlantik, 11 000 Meter oberhalb der Meereswellen, fühlte ich mich unglaublich leicht und zufrieden.

Allerdings nehme ich die Dinge nicht immer so leicht, leider. Gerade heute Nachmittag hatte ich das Gefühl, trotz meiner ganzen Übung komplett zu versagen. Während ich dies schreibe, steckt Annie mitten in einem qualvollen Behandlungsmarathon. Sie bekommt täglich Bestrahlung und Chemotherapie und soll morgen früh wieder operiert werden. Die Bestrahlung ist verflucht anstrengend, und sie hat die meiste Zeit schlimme Schmerzen. Noch dazu wohnt sie wegen des engen Behandlungstaktes seit einer Woche zusammen mit ihrer Mutter in der Nähe vom Krankenhaus, während ich mit unserem Sohn zu Hause bin. Sie vermisst uns (vor allem ihn).

Gestern war sie mal über Nacht zu Hause, und es zerriss sie fast, als sie heute Nachmittag wieder aufbrechen musste. Auf dem Weg zum Auto erzählte sie mir, wie schwer ihr zumute war: Dies ist die längste Zeit, die sie seit der Geburt unseres Sohnes von ihm getrennt ist, und ihr körperlicher Schmerz wird immer schlimmer. Außerdem hat sie die Nase voll von den OPs. Ich hörte ihr zu, aber wenn ich ehrlich bin, war ich nicht wirklich anwesend. Mein Körper war starr, mein Gesicht versteinert, und was sie sagte, ging völlig an mir vorbei. Ich konnte sehen, wie enttäuscht sie über meinen Mangel an Mitgefühl war, aber ich fühlte mich einfach nicht mehr in der Lage dazu.

Als das Auto weg war, setzte ich mich unter einen Baum, um ein bisschen nachzudenken, mein Sohn spielte für sich allein. Als Erstes merkte ich, wie sehr ich mich schämte. In dem Buch, das ich hier schreibe, geht es einzig und allein darum, wie man seine Präsenz halten kann, und ich hatte in dem Moment, in dem ich wirklich gebraucht worden wäre, komplett versagt. Ich fühlte mich wie ein Hochstapler.

Ich achtete auf meinen Atem und versuchte, in den jetzigen Augenblick zurückzufinden. Ich wusste, dass ich mich in meinen Geschichten und Kommentaren verloren hatte, also fragte ich mich: »Was ist jetzt wirklich und echt? Was weiß ich mit Sicherheit?« Während ich still dasaß, gab mir irgendetwas in mir die Erlaubnis, Hochstapler zu sein. »Sei ruhig Hochstapler«, flüsterte es. »Das ist okay, ich bin trotzdem bei dir.« Sofort begann mein Körper sich zu entspannen. Der Kopf war eine Minute oder so ganz leer, dann hörte ich eine Stimme in mir, die sagte: »Ich will nicht präsent sein mit ihr. Es ist mir zu viel. Ich will nur noch weg.« Und auch für diese Stimme gab es genug Raum.

Aus diesem Gefühl von Weite hörte ich: »Dieses Empfinden ist menschlich und schön. Alle Lebewesen verfügen über einen Verteidigunsmechanismus gegen Leid. Diese Abwehrhaltung ist Teil des Lebens in dir.« Ich schlug die Arme um mich, um mich selbst zu umarmen, und erlaubte dieser Abwehr, so stark zu sein, wie sie wollte. »Du willst nicht leiden, und du willst nicht sehen, wie andere leiden«, flüsterte ich mir zu. »Natürlich willst du das nicht.« Augenblicklich spürte ich, wie mir Mitgefühl und Akzeptanz den Stress, die Angst und die Scham wegwuschen. Ich konnte mich als Geschöpf sehen wie jedes andere – als schönen, winzigen und untrennbaren Teil der Schöpfung. Mein Herz öffnete sich, und die plötzliche Schönheit des Lebens machte mich sprachlos.

Glücklicherweise traf ich Annie am selben Abend noch einmal. Der Zeitplan hatte sich geändert, und sie konnte vor ihrer OP noch mal vorbeikommen. Dieses Mal war es anders, ich konnte wirklich für sie da sein. Ich saß bei ihr, hielt ihre Hand und hörte ihr zu. Die Abwehr gegen ihr Leid kam zwar immer noch in mir hoch, diesmal aber begegnete ich ihr nicht mit Scham, sondern mit Liebe. »Natürlich tut das hier weh, und du willst nicht verletzt werden«, sagte jetzt eine freundliche Stimme in mir. »Aber lass uns trotzdem präsent sein, wir haben hier die Möglichkeit, einen Haufen Gutes zu tun.« Mein Widerstand war viel weniger stark, als ich ihn so willkommen hieß.

Mal ist deine Kuh ein Pick-up und mal eine Vorstellung. Ich glaube, am schwersten ist das Loslassen, wenn es sich um eine Vorstellung darüber handelt, wer du wirklich bist. Ich halte mich gern für jemanden, der präsent bleiben kann, wenn ein Mensch, den ich liebe, leidet. Nun hing ich aber derartig an diesem Bild von mir, dass genau das mich davon abhielt, präsent zu sein. Als ich mir die Erlaubnis gab, ein Hochstapler zu sein, konnte ich dieses Selbstbild loslassen. Erst dann konnte ich furchtlos und ganzer Mensch sein.

NICHT-ANHAFTUNG
AN VORSTELLUNGEN

Wir alle haben uns Geschichten gebastelt, an denen wir hängen und die uns davon abhalten, die Dinge so zu sehen, wie sie sind. Vielleicht glaubst du, du bist echt schlau, und dieser Glaube steht dir dann im Weg, wenn es darum geht zu akzeptieren, dass du irgendetwas nicht verstanden hast. Vielleicht glaubst du, Leute, die eine bestimmte politische Ideologie verfolgen, sind Idioten, und das hindert dich daran, in einen offenen und sinnvollen Dialog mit ihnen zu gehen. Oft haften wir nur umso mehr an einer Vorstellung, je sicherer wir uns ihrer sind. Halten wir aber zu sehr daran fest, berauben wir uns der Möglichkeit, zu lernen oder offen und ehrlich zu kommunizieren.

Es gibt eine alte Geschichte von einem Uniprofessor, der

einen Zen-Meister aufsucht. Der Professor ist ein Genie. Er beherrscht jede Schule der Philosophie und ist als der beste Disputant im Land bekannt. Er besucht den Zen-Meister, um zu beweisen, dass seine Philosophie die überlegenere ist.

Der Zen-Meister bittet ihn, sich zu setzen, und bietet ihm einen Tee an. »Was sind denn nun die wesentlichen Lehren im Zen?«, fragt der Professor feindselig. Darauf gießt der Zen-Meister dem Professor Tee in seine Tasse. Die Tasse ist längst voll, doch er gießt immer weiter, so lange, bis der Tee auf den Boden fließt. Der Professor versucht sich zu beherrschen, schließlich aber ruft er: »Die Tasse ist voll! Es ist kein Platz mehr drin!« Der Zen-Meister hört auf zu gießen und sagt: »Genauso ist es mit Ihrem Verstand. Sie haben so viele Vorstellungen und Ideen, dass da kein Platz mehr ist für Zen.« Shunryu Suzuki, der Begründer des Zen-Zentrums in San Francisco, fasste die Geschichte so zusammen: »Im Anfänger-Geist gibt es viele Möglichkeiten, im Geist des Experten nur wenige.«

Solche Geschichten sind wertvoll, weil sie uns die Erlaubnis geben, nicht alles zu wissen. Ich brauche nicht nur nicht vorzugeben, ich hätte alles begriffen, sondern es ist sogar eine Tugend, wenn ich zugebe, wie wenig ich sicher weiß. Habe ich einen gewissen Abstand zu meinen eigenen Glaubensvorstellungen, dann bin ich offen, vom Leben zu lernen. Ich kann eine Vorstellung loslassen, sobald sie mir nicht mehr dient. Das Problematische an diesen Geschichten ist nur, dass unser Schweigen oder Nichtstun an Reiz gewinnt, weil ja alle unsere Überzeugungen doch nur Hindernisse für irgendein tieferes Verständnis sind. Am Ende werden wir womöglich selbstgefällig, und Selbstgefälligkeit ist in unserer heutigen Zeit nun wirklich fehl am Platz.

GEDANKEN SIND MODELLE.
GEDANKEN SIND FALLEN.
GEDANKEN SIND FREUNDE.

Menschliche Bindungen werden am häufigsten durch das Festhalten an Vorstellungen zerstört. Der reale Mensch ist die Fortführung zahlloser Nichtselbst-Elemente, darunter seine Ahnen, seine Lehrer und alle Leute, die ihn verletzt haben. Der reale Mensch wird von einer Kraft angetrieben, die Leid zu vermeiden versucht und nach Wohlbefinden strebt, oft aber nicht weiß, wie das geht. Die meiste Zeit aber begegnen wir gar nicht den realen Menschen. Wir begegnen eigentlich unseren Vorstellungen über sie und unseren Projektionen.

Ich habe mir eine Geschichte darüber zurechtgelegt, was meine Tante motiviert, Trump zu unterstützen. Ich habe eine Geschichte darüber, wie meine Lehrerin in der vierten Klasse emotionalen Missbrauch trieb. Ich habe mir eine Geschichte gebastelt, nach der mein Freund Gary ein verkanntes Genie ist. Wenn du mir sagst, dass ich mich bei einer dieser Geschichten täusche, werde ich mich wehren. Ich bleibe aus emotionalen Gründen fest in dem Glauben, dass meine Geschichten stimmen, auch wenn ich einsehe, dass es völlig bescheuert ist.

Geschichten wie diese sind für uns Menschen mentale Modelle und deutlich greifbarer als die Wirklichkeit. Wenn ich an meiner Geschichte über jemanden haften bleibe, bedeutet das, dass ich für die Wirklichkeit dieser Person nicht offen bin. Anhaften bedeutet, dass ich mich für mein mentales Modell entscheide, auch wenn es nichts mit der Wirklichkeit zu tun hat. Zum Teufel mit der Wirklichkeit.

Nicht anhaften bedeutet, mehr Interesse an der Wirklichkeit zu haben als an den eigenen Gedankenmodellen. Das beginnt mit der Erkenntnis, dass alle meine Gedanken tat-

160   Kapitel 10

sächlich nur Modelle der Welt sind und nicht die Welt
selbst. Eine Vorstellung kann der Wirklichkeit nie ganz gerecht werden, genauso wenig wie eine Landkarte dem Gelände, das sie abbildet. Selbst wenn eine Landkarte keine
ernsthaften Fehler aufweist, wird sie doch immer eine
Vereinfachung sein. Der Versuch, die Wirklichkeit einer
Situation voll zu erfassen, ist wie die Geschichte von Borges
über die Kartografen, die eine perfekte Karte von ihrem
Reich erstellen wollen. Am Ende ist die Karte genauso groß
wie das Reich. Das ist lächerlich.

Vergessen wir, dass unsere Vorstellungen nur Modelle der
Welt sind, werden sie zu Fallen. »Meine Tante ist völlig be-
schränkt« ist nur mein mentales Modell von ihr. »Meine
Lehrerin in der vierten Klasse ist die Verkörperung des
Teufels« ist nur mein mentales Modell von ihr. »Mein Freund
Gary ist unfehlbar« ist nur mein mentales Modell von ihm.
Echte Verbundenheit und echtes Lernen sind nur möglich,
wenn ich offen genug bin, meine Modelle von den Menschen
und der Welt loszulassen und immer wieder zu aktualisieren.

Es ist zwar verrückt, aber meistens glauben wir alles, was
wir denken. Jeder weiß, dass wir Dinge verzerrt wahrnehmen oder missverstehen können, und wir wissen genau,
in wie vielen Situationen wir uns in der Vergangenheit ge-
täuscht haben. Wir waren sicher, dass diese Person bei der
Party uns hasste oder das Geräusch im Hof nur ein Bär sein
konnte, aber das war nicht unbedingt richtig. Trotzdem hält
uns das nicht davon ab, auch von unserem nächsten Gedanken felsenfest überzeugt zu sein. Als könnten wir zwar
zugeben, dass ein früherer Gedanke falsch war, aber was immer wir jetzt gerade denken, muss doch stimmen, denn
schließlich kommt es uns ja so real vor.

Der für mich hilfreichste Zugang zu unseren Gedanken
besteht darin, mir vorzustellen, dass sie Freunde sind, die
ständig ungebeten mit ihren Meinungen und Ratschlägen

aufwarten. Wie würdest du eine Freundin behandeln, die dich wirklich gerne mag, es aber nicht lassen kann, dir ständig Ratschläge zu geben? Wie würdest du auf das, was sie dir sagt, reagieren? Du würdest sie nicht gleich zurückweisen oder ihr gar nicht zuhören, denn schließlich liegt ihr an dir, und sie ist ja nicht *immer* im Unrecht. Trotzdem solltest du ihre Worte natürlich nicht fraglos glauben. Im Idealfall nimmst du zur Kenntnis, was sie sagt, erkennst ihre Fürsorglichkeit an und fragst dich dann erst mal selbst, ob du dem, was sie sagt, glauben sollst.

Je mehr wir darüber lernen, wie das Gehirn funktioniert, umso leichter fällt es uns, unseren Geschichten nicht zu verfallen. In der Computational Neuroscience sind viele Forscher wie besessen von der sogenannten *Bayes'schen Entscheidungstheorie*. Demnach versuchen wir mit unseren Modellen von der Welt im Wesentlichen die Zukunft vorherzusagen. Manche Modelle, wie zum Beispiel die Phrenologie, sind ganz schlecht im Vorhersagen. Die Schädelform deines Nachbarn wird dir nichts darüber sagen, wie wahrscheinlich es ist, dass er dich ausraubt. Andere Modelle, wie zum Beispiel die newtonsche Physik, sind dagegen ziemlich genau. Schlage ich mit einer bestimmten Kraft aus einem bestimmten Winkel einen weißen Ball, kann ich ziemlich konkret vorhersagen, wo er landen wird.

Nach der Bayes'schen Entscheidungstheorie steigt unsere Überzeugung, dass unsere Vorstellungen stimmen, mit jedem Mal, bei dem sich eine Vorhersage bewahrheitet. Trotzdem kann diese Gewissheit nie zu 100 Prozent bestehen, denn schließlich handelt es sich nur um Modelle, die auf notgedrungen unvollständig bleibender Information beruhen.

Wenn wir uns darin üben, unsere derzeitige Weltsicht wie eine Annäherung an die Wirklichkeit zu betrachten, die sich jederzeit durch neue Erfahrungen updaten lässt, dann entwickeln wir eine kognitive Flexibilität, die uns ermöglicht,

162 Kapitel 10

zu lernen, zu wachsen und uns zu verbinden. Da unsere Vorstellungen auf unserer Lebenserfahrung basieren, umgehen
wir die Falle des kompletten Relativismus. Wir vermeiden
außerdem die Falle einer absoluten Gewissheit, weil wir wissen, dass unsere Vorstellungen nur Modelle sind.

ÜBUNG

- Nimm eine deiner Vorstellungen, gegen die jemand
  anders irgendetwas einzuwenden hätte.
- Denk darüber nach und erlaube dir, dich vollständig
  sicher zu fühlen, dass du recht hast und dass der andere sich irrt.
- Achte mit dieser Vorstellung im Kopf auf deine Körperempfindungen.
- Gib dir die Erlaubnis, die Empfindungen wahrzunehmen, und erlaube ihnen, so stark zu sein, wie sie wollen.
- Sag dir: »Es ist in Ordnung für mich, dass ich mich mit
  meiner Vorstellung so sicher fühle. Ich brauche nicht
  dagegen anzukämpfen.« Nimm weiterhin deine Körperempfindungen wahr.
- Lenk Liebe und Akzeptanz dorthin, wo du eine Be-
  drängnis wahrnimmst, ganz egal, um was es sich dabei
  handelt.
- Wart ab, bis dein Körper sich ein bisschen ruhiger anfühlt, und versuch dir zu sagen: »Meine Vorstellung ist
  ein Modell von der Welt, das auf meiner Erfahrung beruht, es ist aber nicht die Welt selber.« Beobachte die
  Empfindungen, die jetzt in deinem Körper auftauchen,
  und spüre sie. Heiße alles willkommen, was in dir auftaucht, und verbring ein paar Minuten damit.
- Sobald sich dein Körper halbwegs ruhig anfühlt, stell

dir vor, wie dein Gegner mit dir streitet. Versuch dir zu sagen: »Seine Vorstellungen sind sein Modell von der Welt, das auf seinen Erfahrungen beruht. Ich weiß, dass seine eigentliche Motivation darin liegt, Leid zu lindern.«

- Frag dich schließlich: »Welches Modell würde für uns beide einen Sinn ergeben, wenn ich meine Erfahrungen zu seinen hinzufügen könnte?«

MIT ÜBERZEUGUNG,
ABER OHNE GEWISSHEIT HANDELN

Während du all das reflektierst, könntest du dich fragen, inwieweit das Nicht-Anhaften deine Handlungsfähigkeit beeinflussen würde. Wie zum Beispiel soll ich in der Welt Veränderungen anstoßen, wenn ich meine Überzeugungen immer infrage stelle? Wie kann ich offen bleiben und nicht an Vorstellungen anhaften, ohne selbstgefällig zu werden? Wie kann ich ein Zeichen gegen etwas setzen, wenn ich weiß, dass es falsch ist, ohne in die Falle der Gewissheit zu stapfen, wie etwa in verbitterte Selbstgerechtigkeit oder indem ich meinem Gegner die Menschlichkeit abspreche?

Gandhi hat viel über seine Nöte in diesen Fragen geschrieben. Für ihn lag der Schlüssel darin, anzuerkennen, dass seine aktuelle Sichtweise nie unverändert bleiben würde, dass sie keine absolute Wahrheit war. Und doch würde sie immer ein Quäntchen Wahrheit besitzen. Er trat leidenschaftlich für das ein, was er für richtig hielt. Gleichzeitig versuchte er auch für das jeweilige Quäntchen Wahrheit, das seiner Meinung nach in den Ansichten seiner Gegner vorhanden sein musste, offen zu bleiben.

Das klingt vielleicht toll, ist aber leichter gesagt als getan. In Wahrheit sind Menschen, die bereitwillig aus unterschiedlichen Perspektiven lernen, auch oft ganz schön selbstgefällig. Gegenüber denen, mit denen sie zusammenleben, haben sie vielleicht eine Menge Mitgefühl, aber sie werden sich höchstwahrscheinlich nicht aktiv einbringen, wenn es um Widerstand gegen Gewalt oder Unterdrückung geht. Andererseits haften Menschen, die an vorderster Front für sozialen Wandel kämpfen, oft wirklich sehr an ihren Vorstellungen und sind nicht besonders offen für Lernprozesse. Dabei muss das nicht so sein. Einige der einflussreichsten sozialen Bewegungen in der Geschichte pflegen es als grundlegende Tugend, an bestimmten Ansichten nicht anzuhaften. Das können wir auch wieder so halten. Wenn wir diese Bereitschaft haben, werden wir mit unserem Aktivismus mit Sicherheit viel mehr ausrichten können.

FURCHTLOS WERDEN

Nicht anzuhaften an den eigenen Vorstellungen kann das Tor zu radikaler Furchtlosigkeit werden. Denn Angst und Wut (und manchmal sogar unsere Trauer) fangen dort an, wo unser Gehirn eine Situation als *inakzeptabel* abspeichert. Dabei kann es sich um Dinge handeln, die bereits passieren oder passieren könnten. Der Stempel *inakzeptabel* löst in Gehirn und Körper eine Bedrohungsreaktion aus. Negative Emotionen entstehen und werden mobilisiert, damit wir die Gefahr abwenden oder ihr vorbeugen können. In diesem psychischen Zustand haben wir kaum Zugang zu bewusstem Denken. Wir werden vor allem automatisch reagieren.

Andererseits wird Furchtlosigkeit erst dann möglich,

wenn wir einer Bedrohung begegnen und diese so lange prüfen, bis unser Gehirn sie nicht mehr als inakzeptabel einstuft. Sobald sie akzeptabel wird, handelt es sich nicht mehr um eine Gefährdung, und die Angst verschwindet. Du wirst vielleicht die Situation immer noch abwenden oder verhindern wollen – du wirst vermutlich deine ganze Kraft nutzen, um es zu versuchen –, und du wirst es aus einem Gefühl von Freiheit und Nicht-Anhaften tun. Veränderung wird anstelle von absoluter Notwendigkeit zu einer freien Entscheidung. Das sorgt für eine unglaubliche Menge an Leichtigkeit, Offenheit und Menschlichkeit.

Hier eine Anleitung:

Es gibt eine Situation in deinem Leben oder irgendetwas, wovor du Angst hast, dass es eintreffen könnte, etwas, das dich stört. Vielleicht lässt es dich richtig durchdrehen, vielleicht verwirrt es dich nur. Egal, worum es sich handelt, du erkennst an, dass es da etwas gibt, das dein Gehirn für inakzeptabel hält. Entweder ist es schon passiert, oder es *könnte* eventuell passieren. Zum Zweck der folgenden Übung machen wir hier keinen Unterschied.

Lenk deine Aufmerksamkeit auf die objektive Lage. Versuche, die beobachtbare Wirklichkeit von den Geschichten zu trennen, die du dir zurechtgelegt hast. Die beobachtbare Situation könnte zum Beispiel sein, dass dein*e Partner*in weint und sagt: »Ich kann nicht glauben, dass du das getan hast.« Die Geschichte zu dieser Reaktion könnte sein, dass du ein schrecklicher Mensch bist.

Schenk der gewählten Szene deine volle Aufmerksamkeit und heiße alle Empfindungen willkommen, die in deinem Körper aufsteigen. Halt sie so, wie du ein schreiendes Baby halten würdest – mit Wärme, Zärtlichkeit und liebevoller Aufmerksamkeit. Du begegnest in gewisser Weise der Realität und erlaubst deinem Körper eine negative Reaktion. Stresshormone wie Kortisol und Adrenalin werden dir nun

166 Kapitel 10

womöglich durch die Adern strömen, während du dir selbst bedingungslose Liebe und Akzeptanz entgegenbringst. Indem du deine Erfahrung mit Mitgefühl willkommen heißt, aktivierst du den Fürsorge-Schaltkreis in deinem Gehirn, der deine Emotionen zu regulieren anfängt. Dabei konzentrierst du dich die ganze Zeit weiter auf die Szene, die du als *inakzeptabel* abgespeichert hattest.

Im Kopf springst du womöglich von dieser Szene zu anderen, nach dem Motto, wenn das passiert, könnte es zu dem und dem führen, was ja noch viel schlimmer wäre. Wehr dich zugunsten der Übung nicht dagegen. Tatsächlich entsteht wahre Furchtlosigkeit, indem du gegenüber dem absoluten Worst-Case-Szenario, das dein Verstand überhaupt herstellen kann, offen bist. Auch wenn du nicht glaubst, dass dieses Szenario tatsächlich eintreten wird, gibst du der Möglichkeit Raum, dass es eintreten *könnte*. Stelle dich deinem Worst-Case-Szenario und begegne deiner Angst mit Liebe.

Letztendlich wird sich etwas öffnen. Dein Gehirn wird erkennen, dass selbst das Schlimmste, was passieren könnte, nicht so schlimm ist wie befürchtet. Es wird realisieren, dass selbst im allerschlimmsten Fall noch Liebe möglich ist. Wenn du jetzt der Anfangssituation begegnest, ist deine physiologische Reaktion eine andere. Die Umstände sind dieselben, aber sie jagen dir nicht mehr solche Angst oder Wut ein. In deinem Selbstmitgefühl geerdet, kannst du entscheiden, ob du handelst oder nicht. Du hast die freie Wahl. Das ist der Zustand, den ich Furchtlosigkeit nenne.

KAPITEL 11

GEMEINSCHAFT ALS ZUFLUCHT, GEMEINSCHAFT ALS WAFFE

*Die Menschen werden glücklicher sein,
wenn sie Wege finden, in einfachen Gemeinschaften zu leben,
und nicht, wenn sie Krebs heilen oder zum Mars gelangen.*
KURT VONNEGUT

Lass uns drei Zitate zum Thema Gesellschaft betrachten und dann überlegen, was sie zusammengenommen bedeuten. In der Upaddha Sutta führt der Buddha ein Gespräch mit seinem Begleiter Ananda. Ananda sagt, dass er nach all den Jahren seiner Meditationspraxis zu der Überzeugung gelangt ist, dass gute spirituelle Freundschaften das halbe Leben sind, und er fragt den Buddha, ob er dem zustimmt. Der Buddha antwortet:

Nein, Ananda, sage das nicht. Spirituelle Freundschaft ist nicht das halbe, sie ist das ganze spirituelle Leben. Hat jemand gute spirituelle Freunde, dann ist zu erwarten, dass er ein heiliges Leben entwickeln und verfolgen wird.

Dem Buddha zufolge bedeutet spirituelle Freundschaft für die spirituelle Entwicklung alles. Tatsächlich ist die Gemeinschaft der Praktizierenden, oft *Sangha* genannt, eines der Drei Juwelen des Buddhismus und steht auf einer Stufe mit dem Buddha und seinen Lehren.

Unser zweites Zitat wird der Feministin und Anthropologin Margaret Mead zugeschrieben. Auch wenn niemand sicher weiß, ob sie es wirklich je selber gesagt hat, gehört es doch zu den Statements, die von Aktivisten am häufigsten zitiert werden:

Unterschätze nie, was eine kleine Gruppe engagierter Menschen tun kann, um die Welt zu verändern. Tatsächlich ist das das Einzige, was je etwas bewirkt hat.

170 Kapitel 11

Ich kann bestätigen, dass jede soziale Bewegung, zu der ich bislang gehört habe, in ihrem Zusammenhalt von eng geknüpften persönlichen Beziehungen geprägt war. Gute spirituelle Freundschaften sind also der einzige Weg zu spirituellem Wachstum, und gute Freundschaften unter Aktivisten sind womöglich der einzige Weg zur Gestaltung von Wandel.

Unser drittes Zitat stammt von Vivek Murthy, dem früheren Surgeon General of the United States (Leiter des öffentlichen Gesundheitsdienstes der Vereinigten Staaten). Im Jahr 2018 schrieb er:

> *Einsamkeit verbreitet sich epidemisch. Wir leben in dem technologisch am stärksten verbundenen Zeitalter der Menschheit, doch die Einsamkeitsraten haben sich seit den 1980er-Jahren verdoppelt.*

Mit anderen Worten, unserer Gesellschaft mangelt es weitgehend an dem einzigen Faktor, der spirituelles Wachstum und sozialen Wandel möglich macht: an Gemeinschaft.

Murthy zufolge geben Amerikaner an, einsamer und isolierter zu sein als je zuvor in der Geschichte. Fast die Hälfte aller Erwachsenen sagen, sie hätten keine täglichen persönlichen Kontakte von Bedeutung. Obwohl die meisten von uns davon ausgehen, dass ältere Menschen am isoliertesten sind, gibt es in Wahrheit bei der Generation Z (nach mancher Definition die nach 1997 Geborenen) ein höheres Einsamkeitsniveau als in jeder anderen Generation. Außerdem behindert soziale Isolation nicht nur in spiritueller und politischer Hinsicht. Die Forschung hat ergeben, dass Einsamkeit der Gesundheit ebenso schadet wie eine Schachtel Zigaretten pro Tag. Sie tötet uns buchstäblich.

Was sollen wir also tun? Sollen wir unsere Handys weg-schmeißen und in die Berge flüchten, genau wie die Prota-gonisten in dem Film *Einmal Wildnis und zurück?* Sollen wir uns einer Kommune anschließen? Zweifellos lässt sich der verheerende Mangel an Gemeinschaft in unserer Gesell-schaft nicht durch eine neue Social-Media-Plattform lösen. Was aber tatsächlich helfen könnte, wissen wir nicht.

Ich wünschte, ich hätte eine Lösung für dieses Problem parat. Immerhin scheint mir, jede Lösung beginnt mit dem Erkennen der zentralen Bedeutung von Gemeinschaft für unser Leben und mit der Bereitschaft, dies an die erste Stelle zu setzen. Die Antwort wird sowohl persönliche Ent-scheidungen wie kollektives Handeln beinhalten müssen, damit man den allgemeinen sozioökonomischen Trends et-was entgegensetzen kann, die direkt und indirekt der Gemeinschaft und Sozialität im Wege stehen.

In diesem Kapitel möchte ich ein bisschen davon er-zählen, wie ich versuche, Gemeinschaft in meinem Leben Priorität einzuräumen. Außerdem möchte ich dir ein paar Anregungen und Raum zum Nachdenken anbieten.

GEMEINSCHAFT WÄHLEN

Im Frühjahr 2011 kündigten Annie und ich unsere Jobs, packten unser Zeug zusammen und verließen Kalifornien, um nach New Hampshire zu ziehen. »Warum würde man so was tun?«, denkst du jetzt vielleicht, und tatsächlich fragten sich das auch viele Freunde von uns.

Hier ist der Grund: Einige Jahre davor hatte ich bei ei-nem Meditationsretreat in Plum Village mitbekommen, dass Fern und Michael, zwei der mir liebsten Klosterbewoh-ner, das Kloster verlassen hatten und heiraten wollten. Ich nahm Kontakt zu ihnen auf, und sie erzählten mir, sie planten ein neues Projekt, das sich völlig von allem unterschied, was ich bisher kannte. Es sollte im Wesentlichen ein Kloster für Laien werden – ein Ort, an dem Leute, die kein Ordensgelübde (wie z. B. ein Armuts- und Keuschheitsgelübde) ablegen wollen, in Gemeinschaft zusammenleben und Meditationsretreats anbieten können. Ein Ort für ein einfaches Leben, naturnah und mit Augenmerk auf Achtsamkeit und Miteinander.

Annie und ich spielten einige Jahre mit diesem Gedanken. Wir besuchten Fern und Michael in New England und sprachen mit ihnen über ihre Vision von Gemeinschaft. Zugleich genossen wir unser Leben in der Bay Area sehr. Wir liebten die progressive Kultur, die Kunst, das Wetter, und für Annie bedeutet San Francisco Heimat, sie ist dort aufgewachsen. Außerdem hatten wir feste Jobs. Ich war Leiter eines Programms für Kinder mit schweren emotionalen Störungen in Oakland, und Annie war Leiterin eines landwirtschaftsbasierten Zentrums für Umweltbildung im nahe gelegenen Marin County.

Andererseits hat das Leben in Kalifornien auch seine Schattenseiten. Mit den schlechten Gehältern im Nonprofitbereich würden wir immer Mühe haben, für unsere Miete in der Bay Area aufzukommen. Wir wussten auch, dass wir eine Familie gründen wollten, und sahen, wie vielbeschäftigt und gestresst unsere Freunde mit Kindern geworden waren und wie knapp zudem bei Kasse.

Wir überlegten lange hin und her, was wir tun sollten. Schließlich symbolisierte die Bay Area für uns ein stabiles Einkommen, urbane Kultur und die Art von Laufbahn mit Karriere und Familie, wie sie alle um uns herum einschlugen. Auf der anderen Seite war die Vorstellung, uns Fern und Michael anzuschließen, ein Sprung ins Unbekannte. Wir hatten keine Vorstellung, wie wir dort Geld verdienen sollten, würden aber auch bei Weitem nicht so viel benötigen. Wir hofften, eine starke Gemeinschaft würde entstehen, aber zunächst würden nur unsere beiden Familien dort sein.

Nachdem wir drei Jahre gezögert hatten, wagten wir den Sprung schließlich doch. In der Zwischenzeit hatten Fern und Michael über Fundraising genug Geld beisammen, um in der Nähe von Keene, New Hampshire, etwa 100 Hektar Wald zu erwerben. Das Gelände war billig, weil es von Einheimischen 30 Jahre als Müllhalde verwendet worden war. Fern und Michael ließen es beräumen und reinigen und bauten aus Strohballen und Lehm ein Haus und einen kleinen Meditationsraum. Sie meinten, wir könnten einen Flecken haben, um uns ein eigenes Haus zu bauen, falls wir kommen und ihnen beim Anschieben des Projekts helfen wollten. So geschah es. Es fühlte sich an, als ließen wir alles los, was stabil und vorhersehbar war, um Raum für Gemeinschaft und ein einfaches Leben zu schaffen.

Nach unserer Ankunft verdiente ich ein bisschen Geld mit Schreiben und therapeutischer Arbeit übers Telefon. Vor allem aber bauten wir ein Haus und schoben das Retreat-Zentrum und die Cohousing-Gemeinschaft an. Wir nannten es das MorningSun Mindfulness Center und leben bis heute hier. Da wir das Haus selbst gebaut hatten, kostete es nicht viel, und wir haben seitdem weit unterhalb der staatlich festgesetzten Armutsgrenze sehr auskömmlich leben können.

GEMEINSCHAFT IST ZUFLUCHT (FÜR ALLES AUSSER DICH SELBST)

Für mich ist das Leben in MorningSun ein großer Segen. Ich brauche nicht viel Geld und bin zeitlich nie allzu sehr beansprucht. Es sind fast immer Leute da zum Reden oder für gemeinsame Unternehmungen. Seit Annies Diagnose haben wir unglaublich viel Unterstützung bekommen. Außerdem kann ich mir für meine Achtsamkeitspraxis keine besseren Umstände wünschen. Trotzdem ist das Leben in Gemeinschaft keine Lösung für alles.

Du kennst wahrscheinlich den Spruch: »Egal, wo du bist, du bleibst immer du.« Das Leben in Gemeinschaft hat mir nicht das Gefühl von Einsamkeit, Frust und Stress genommen. Das Leben bleibt Leben, und dabei handelt es sich um Geisteszustände, die in jeder Umgebung auftreten werden, so unterstützend diese auch sein mag. Was wir uns von guten Lebensumständen am meisten erhoffen, ist meiner Meinung nach genug Raum und Halt, um unserem Leid Aufmerksamkeit und Fürsorge schenken zu können.

KOMMUNEN SIND NICHT FÜR JEDEN GEEIGNET

Das Leben in MorningSun mag ideal klingen, ist aber natürlich nicht für jeden etwas. Sosehr Annie zum Beispiel unsere Gemeinschaft auch liebt, so sehr vermisst sie Kalifornien, weil sie dort verwurzelt ist. Daher ist gar nicht klar, wie lange wir noch hierbleiben.

Tatsache ist, dass wir eine Menge diverser Lösungen für das Problem der sozialen Isolation in der Gesellschaft brauchen werden, damit diese irgendeine Form von Gemeinschaftssinn wiederfinden kann. Manche Menschen werden bereit sein, größere, umwälzende Maßnahmen vorzunehmen, um Einfachheit und Verbundenheit im Leben zu finden. Die meisten aber sind wahrscheinlich daran interessiert, eine Gemeinschaft in ihrer direkten Umgebung aufzubauen.

In diesem Fall scheint es mir wichtig, einige umfassende Fragen zu vertiefen.

1. Kannst du dir, wenn du schon zu viele Verpflichtungen hast, mehr Raum für Verbundenheit in deinem Leben schaffen?
2. Gibt es Dinge, die du allein (oder mit deiner Kernfamilie) tust, die sich potenziell auch in Gemeinschaft tun ließen?
3. Hast du irgendwelche emotionalen Blockaden, was Verbundenheit und Intimität angeht?

Zu ersteren beiden Fragen habe ich nicht viel zu sagen, außer dass ich dir empfehle, dir Zeit und Raum zu nehmen, um darüber nachzudenken und Kreativität zu entwickeln. Zu der letzten dagegen fällt mir einiges ein.

Falls du merkst, dass dich ein Teil von dir davon abhält, größere Verbundenheit und Intimität einzugehen, dann solltest du als Erstes prüfen, ob die Menschen in deinem Leben zu der Art von Intimität fähig sind, die du dir wünschst. Intimität geht immer mit Verletzlichkeit einher. In gewisser Weise ist beides sogar dasselbe. Wir fühlen uns jemandem nah, wenn wir ihm gegenüber verletzlich sein können, das heißt, uns einem emotionalen Risiko aussetzen.

Fällt dir eine Person in deinem Leben ein, die positiv reagieren würde, wenn du das Risiko eingehen würdest, ihr mehr von dir zu zeigen? Wenn nicht, könntest du dir überlegen, ob es nicht sinnvoll wäre, neue Freundschaften zu schließen (Meditationsgruppen könnten hier ein Anfang sein). Fällt dir aber jemand ein, dann wird es in deiner Übung darum gehen, das Risiko emotionaler Verletzbarkeit einzugehen.

Hier eine Übung dazu:

ÜBUNG

- Stell dir dein Gegenüber vor und erzähl ihm irgendetwas über dich, das wahr ist und dich verletzlich macht. Du kannst mit etwas Kleinem anfangen. Sag zum Beispiel, womit du dich unsicher fühlst oder was du gern anders an dir hättest.
- Achte auf die Empfindungen, die dabei in deinem Körper aufsteigen. Erlaub diesen Empfindungen, so stark zu sein, wie sie wollen. Lass zu, dass sie da sind oder sich verändern, ganz wie sie wollen. Bleib ein paar Minuten bei diesem Fühlen und Akzeptieren. Du gehst dieses Risiko ein, und vielleicht stellen sich ein paar unangenehme Körperempfindungen ein. Kämpf nicht dagegen an. Nimm diese Empfindungen wahr und vergiss nicht, wie universell die Gefühle sind.
- Bleib bei der Vorstellung, irgendwas, das dich verletzlich macht, mit der von dir gewählten Person zu teilen, und bleib mit deinen Körperempfindungen verbunden. Schick dir jetzt Mitgefühl. Du könntest versuchen, dem Teil von dir, der leidet, etwas Freundliches zu sagen. Schick dir selbst liebevolle Energie. Oder stell dir jemanden vor, bei dem du das Gefühl hast, dass er dich in genau diesem Augenblick lieben und akzeptieren kann. Wichtig ist hier, dass du mit dem Gefühl von Unsicherheit und Verletzlichkeit in Verbindung kommst und *zugleich* die Erfahrung machst, geliebt zu sein.

Mach diese Übung so lange immer wieder, bis du dir vorstellen kannst, jemandem etwas anzuvertrauen, das dich verletzlich macht, und dich trotzdem halbwegs wohl dabei zu fühlen. Wenn du so weit bist, probiere das Ganze mit der von dir gewählten Person im echten Leben aus.

GEMEINSCHAFT ALS WAFFE

Als der Vietnamkrieg 1966 eskalierte, arbeitete Thich Nhat Hanh zusammen mit der School of Youth for Social Service unermüdlich in der Opferhilfe und im Wiederaufbau der zerstörten Dörfer. Die Menschen, mit denen er am engsten zusammenarbeitete, waren, so wie er selbst, ständig am Rande der Verzweiflung. Drei Jahre waren vergangen, seit sein guter Freund Thich Quang Duc sich aus Protest gegen den Krieg selbst in Brand gesteckt hatte. Die School of Youth for Social Service tat alles, was in ihrer Macht stand, um der Zerstörung ein Ende zu bereiten, dennoch wurde alles nur noch schlimmer.

An einem Vollmondtag im Februar desselben Jahres hielten Thich Nhat Hanh und fünf seiner engsten Freunde in Saigon eine Zeremonie ab, bei der sie den Tiep-Hien-Orden gründeten, auf Deutsch auch Intersein-Orden. Es waren drei Frauen und drei Männer, Mönche, Nonnen und Laien, die das Gelübde ablegten, einander in ihrer Achtsamkeitspraxis zu unterstützen und gemeinsam für den sozialen Wandel zu arbeiten. Sie wollten mindestens einen Tag pro Woche meditieren und sich gegenseitig auf die bestmögliche Weise unterstützen.

Dies ist das perfekte Beispiel, wie Gemeinschaften in einer doppelten Funktion als emotionale Zuflucht und gleichzeitig als Instrument für politische Aktion dienen können. Ebenso wie die Meditationspraxis können uns Gemeinschaften Halt bieten, wenn wir leiden, und uns in unserer Arbeit für eine bessere Welt stärken. Sind sie ausschließlich Zuflucht, neigen sie zu Nabelschau und Eskapismus. Sind sie nur auf die Aktion fokussiert, werden sie emotional kalt sein und nur unsere verbitterte Selbstgerechtigkeit füttern. Eine gesunde Gemeinschaft kann sich je nach Bedarf zwischen diesen Funktionen hin und her bewegen.

178   Kapitel 11

Thich Nhat Hanh warnte seine Schüler davor, Achtsamkeit ohne die Unterstützung einer Gemeinschaft zu praktizieren. Er sagte, dass das so wäre wie ein Regentropfen, der auf einer Bergspitze landet und hofft, es ganz allein bis zum Ozean zu schaffen. Das ist völlig unmöglich. Als Teil eines Flusses dagegen hat er die Möglichkeit, sein Ziel zu erreichen. Finden wir Menschen, die unsere Bestrebungen teilen, dann wird unsere kollektive Energie zu dem Fluss, der uns in die Richtung trägt, in die wir uns bewegen wollen.

KAPITEL 12

DEINE
10 000
STUNDEN

*Dieses Stillsitzen ist für mich der größte Luxus,
eine geradezu verschwenderische Fülle in der
Leere meines eigenen Daseins.*
LEONARD COHEN

Wenn du es bis hierher geschafft hast, dann haben dich einige der Ideen und Übungen in diesem Buch hoffentlich angesprochen. Dieses letzte Kapitel handelt davon, wie du die Ideen, die dir gefallen haben, so tief wie möglich integrieren kannst. Wie kannst du vom Denken ins Handeln kommen und die Praxis nutzen, um neue Gewohnheiten zu entwickeln?

Im ersten Teil des Kapitels geht es darum, wie du praktizieren kannst, um dich lebendiger zu fühlen. Der zweite Teil beschäftigt sich dann ganz praktisch damit, welche Art von Meditation am besten zu dir passt.

SEI KEIN ACHTSAMKEITSZOMBIE

Wenn du viel in Retreat-Zentren oder Meditationsgruppen unterwegs bist, kannst du leicht den Eindruck gewinnen, der Haupteffekt der Achtsamkeitspraxis bestünde darin, dass die Leute ängstlich und verklemmt werden. Ich nenne diese Leute *Achtsamkeitszombies*. Sie gehen langsam, haben eine sanfte Stimme, verneigen sich tief, und wenn du mit ihnen redest, kommst du dir vor wie in einer Sekte. Sie scheinen überhaupt keine eigenen Gedanken oder Gefühle zu haben. Stattdessen beten sie nur die Dharma-Worte nach, die sie gerade erst gelesen haben. An manchen Orten prägen sie die Umgebung so sehr, dass man als neu hinzukommender Meditierender das Gefühl hat, sich genauso verhalten zu müssen. Bitte fall nicht darauf rein.

Der Zweck der Achtsamkeits-, Mitgefühls- und Dankbarkeitspraxis besteht einzig und allein darin, dass du lebendiger bist und deine Fähigkeit stärkst, ganz und gar Mensch zu sein. Was so viel heißt wie: dass du dich mit dem ganzen Spektrum der menschlichen Erfahrung zu Hause und wohlfühlst. Es ist das genaue Gegenteil von dem Versuch, dich auf eine schmale Bandbreite von akzeptablen Ausdrucksweisen zu begrenzen.

Bleib in jedem Augenblick deiner Praxis in Berührung mit dem, was lebendig ist in dir. Wenn du die Bewegungen nur mechanisch durchläufst, profitierst du nicht so wirklich davon. Für mich sind dabei zwei Faktoren extrem hilfreich: Motivation und Vertrauen. Motivation (auf Pali: *viriya*) kommt in der buddhistischen Psychologie aus dem Wissen, dass etwas nützlich ist. Du stärkst diese Fähigkeit, indem du reflektierst, welchen Nutzen die Entwicklung von Mitgefühl, Furchtlosigkeit oder welcher Eigenschaft auch immer, die du praktizieren möchtest, mit sich bringt und welche Gefahren, wenn du es nicht machst.

Ich finde es für mein Leben unglaublich hilfreich, wenn ich mich mit meiner Motivation verbinde, bevor ich mich mit irgendeiner Art von Meditation beschäftige. Ich frage mich: »Warum mache ich das jetzt?« Wenn die Antwort lautet: »Bei dieser Übung geht es erst mal darum, mehr Konzentration zu entwickeln«, dann frage ich mich, warum das wichtig ist. Warum ist es meine Zeit wert? Diese Fragen brauche ich nicht immer zu beantworten. Allein schon die Fragestellung hilft mir, in Kontakt mit dem zu bleiben, was in mir lebendig ist, und bewahrt mich vor einem rein mechanischen Üben.

Sobald Meditation Routine wird, ist sie für mich leblos und auch nahezu nutzlos. In Plum Village verbeugt man sich am Ende aller Veranstaltungen in der Meditationshalle. Wenn ich mich verbeuge, weil es alle tun, ist das schlimmer als Zeitverschwendung. Es wird zu einem Hindernis, das mich von meiner wahren Verbindung zum Leben abhält. Also frage ich mich lieber »Warum sollte ich mich verbeugen?«, was mich daran erinnert, diesen Augenblick dafür zu nutzen, meine Dankbarkeit gegenüber der Tradition, die ich übe, zu würdigen. Auf diese Weise wird der Augenblick lebendig.

Ich möchte liebevoller sein, furchtloser und noch mehr in der Lage anzunehmen, was ist. Ich möchte den Menschen, die ich liebe, Mitgefühl und Freude spenden können. Ich wüsste nichts, was ich mehr wollte als das. Das motiviert mich zum Üben.

Das Vertrauen (auf Pali: *saddha*) stammt in der buddhistischen Psychologie aus dem Wissen, dass etwas möglich ist und dass es dir möglich ist. Vielleicht bin ich mir wirklich im Klaren über mein Ziel. Ich weiß zum Beispiel, dass ich ein offeneres Herz haben möchte oder Ungerechtigkeit furchtlos begegnen will. Zweifle ich aber, ob das für mich auch möglich ist, dann werde ich mit nicht einmal halb so viel Energie praktizieren. Wenn du weißt, dass es nützlich und möglich ist, deine Fähigkeit zu entwickeln, Mensch zu bleiben, dann wirst du deine Praxis auch beibehalten können.

DU BRAUCHST NICHTS AUFZUGEBEN, ABER DU MUSST TROTZDEM DAZU BEREIT SEIN

Heutzutage blinken dich immerzu dein Handy, dein Job, deine Lieblingsshow im Fernsehen oder sonst was an, nach dem Motto »Beachte mich. Ich bin wichtig«. Hunderttausende intelligente und gut bezahlte Fachleute arbeiten unermüdlich an neuen Möglichkeiten, wie sie deine Aufmerksamkeit heischen können. Lässt du deine kostbare Aufmerksamkeit immer einfach wandern, wohin sie gerufen wird, bist du bald nur noch eine leere Hülle und kein

Mensch mehr. Nein, wir selbst müssen wissen, was uns wichtig ist, und bewusste Entscheidungen treffen.

Als nächste Voraussetzung für die Gestaltung von wirklichem Wandel in deinem Leben musst du dir Raum schaffen und deine Übungspraxis an die erste Stelle setzen. Raum schaffen heißt nicht immer, dass du andere Dinge, die dir wichtig sind, opfern musst, aber manchmal ist es so. Auf lange Sicht wird dir die Entwicklung deiner Fähigkeit, Mensch zu bleiben, definitiv in der Karriere, Familie, bei Freundschaften und so ziemlich allem anderen helfen. Trotzdem wird es auch Zeiten geben, wo du dich entscheiden musst, worauf du deine begrenzte Zeit und Energie fokussieren willst.

Planst du, einen ganzen Tag zu praktizieren, heißt das, du wirst nirgendwo anders sein können. Setzt du die Entwicklung von Achtsamkeit und Mitgefühl an erste Stelle, wird es auch mal passieren, dass du zwischen deiner Praxis und etwas anderem wählen musst, das nach deiner unmittelbaren Aufmerksamkeit verlangt. Meiner Erfahrung nach kommt das Gefühl von Fülle nicht aus dem Versuch, »alles zu haben«, falls alles haben bedeutet, deinem Leben immer noch mehr hinzuzufügen, ohne bereit zu sein, irgendwas loszulassen. Für mich entsteht Fülle aus dem Vereinfachen und daraus, mit weniger glücklich zu sein.

ÜBUNG
- Mach eine Liste mit allem, was dir wichtiger ist als die Entwicklung deiner Fähigkeit, Mensch zu bleiben.
- Mach eine Liste mit allem, was dir weniger wichtig ist.
- Überleg, wie viel Zeit du den Dingen widmest, die weniger wichtig sind. Wie kannst du den Dingen, die am wichtigsten sind, mehr Energie widmen?

LASS DEINE LERNPRAXIS
BEWUSST WERDEN

Malcom Gladwells Bestseller *Überflieger* machte die Konzepte des *bewussten Lernens* und der 10 000-Stunden-Regel bekannt. Beide sind der Pionierarbeit des Psychologen Anders Ericsson zu verdanken. Ericsson untersucht, wie Menschen Fortschritte machen, von Sport über Musik bis hin zum Gedächtnis. Seine Forschung brachte ihn zu der Überzeugung, dass fast jeder Experte seine Kunst ähnlich ausübt. Er nennt es *bewusstes Lernen*. Gladwell zufolge reichen nach guter Schätzung in jedem beliebigen Lernfeld 10 000 Stunden bewussten Lernens aus, um Expertise zu entwickeln.

Ich spiele Gitarre und wünschte, ich könnte es besser. Das Problem ist, dass ich in 98 Prozent der Zeit, die ich im Lauf meines Lebens Gitarre gespielt habe, nur Lieder gespielt habe, die keine besondere Herausforderung für mich darstellten. Und wenn ich dann einen Fehler mache, spiele ich einfach weiter.

Bewusstes Lernen ist etwas ganz anderes. Es bedeutet, dass ich mir irgendetwas Bestimmtes aussuche, das ich verbessern will, und mich darauf konzentriere. Es bedeutet, dass ich auf meine Fehler achte und sie unmittelbar korrigiere, idealerweise mithilfe eines Lehrers. Und schließlich bedeutet es, dass ich den Schwierigkeitsgrad Schritt für Schritt erhöhe und mich herausfordere, ohne mich zu überfordern. Jede Stunde, die ich so verbringe, würde als eine Stunde bewussten Lernens zählen. Während die Stunden, die ich am Lagerfeuer mit dem Klimpern ein und derselben drei Saiten verbringe, nicht zählen.

Ich glaube, dass die drei Voraussetzungen für bewusstes Lernen genauso auf die Entwicklung unserer Fähigkeit zutreffen, Mensch zu bleiben.

1. Wir wählen eine bestimmte Qualität, die wir entwickeln wollen (wie z.B. Dankbarkeit, Selbstmitgefühl oder Furchtlosigkeit), und arbeiten daran. Dieselbe Absicht können wir übrigens auch der Entwicklung von Mühelosigkeit und Gelassenheit entgegenbringen. Wir verbringen einfach 20 Minuten damit, den Wunsch loszulassen, dass wir irgendwas erreichen müssen.

2. Wir nutzen von Anfang an das Feedback als Methode. Fühlt sich unsere Übung leblos an, kehren wir ins Hier und Jetzt zurück und fragen uns, ob es einen besseren Weg gibt, um uns mit dem jetzigen Augenblick zu verbinden. Vielleicht sollten wir unsere Gefühle nicht nur beobachten, sondern sie willkommen heißen, oder uns nicht auf Leid, sondern auf Freude konzentrieren. Idealerweise haben wir einen Lehrer, der uns hilft. Wichtig ist vor allem, dass wir bewusst merken, sobald sich die Übung nicht hilfreich anfühlt, und sie so gut wie möglich verändern.

3. Wir heben das Schwierigkeitsniveau an. Findest du zum Beispiel inzwischen auf deinem Kissen eine gewisse Gelassenheit, könntest du damit anfangen, dir jemanden aus deinem Leben vorzustellen, der für dich eine Herausforderung darstellt, und ihm Mitgefühl zu senden.

Such dir zunächst eine oder mehrere spezifische Eigenschaften aus, die du gern weiterentwickeln würdest. Nutze das NICHT als Gelegenheit, dich selbst zu geißeln – oder versuche wenigstens, es zu unterlassen. Stellst du fest, dass es dir unmöglich ist, über Eigenschaften nachzudenken, die du gern entwickeln würdest, ohne gemein zu dir selbst zu sein, dann empfehle ich Selbstmitgefühl als erstes Thema zum Üben.

Nachdem du dich für ein paar spezifische Eigenschaften entschieden hast, ist der nächste Schritt, etwas über sie zu erfahren. Du möchtest einen Grundstock an intellektuellem Verständnis entwickeln. Was ist eigentlich Dankbarkeit, und welche geläufigen Möglichkeiten gibt es, sie zu entwickeln? Wie unterscheidet sich Selbstmitgefühl von Selbstwertgefühl oder Selbstmitleid?

Sobald du die Eigenschaft, die du entwickeln möchtest, intellektuell erfasst hast, kannst du anfangen, unterschiedliche Wege auszuprobieren, sie praktisch umzusetzen. Viele Lehrer bieten dazu unterschiedliche Ratschläge an. Probier Verschiedenes aus und schau, was sich für dich hilfreich anfühlt. Und dann mach die Übungen, die sich für dich am hilfreichsten erwiesen haben.

DER BESTE GRUND ZUM MEDITIEREN

Bei einem Retreat in Plum Village fragte Thich Nhat Hanh seine Schüler, warum der Buddha nach seiner Erleuchtung weitermeditierte. Da keiner mutig genug war, um zu antworten, fragte er noch einmal. Warum meditierte der Buddha nach seiner Erleuchtung weiter? Er ließ uns eine Weile über die Frage nachdenken, bevor er die Antwort selbst gab. Er meinte: »Ich glaube, er meditierte weiter, weil es ihm gefiel.«

Er betonte dann, dass wir unbedingt einen Weg finden müssten, wie wir mit Freude üben können, denn sonst würden wir nie dranbleiben. Er sagte, jeder von uns muss Möglichkeiten finden, gerne zu üben. Selbst wenn wir unser Leid willkommen heißen, sollte ein bisschen Süße und Linderung im Üben spürbar sein. Und schließlich wiederholte er, dass der beste Grund zum Meditieren der ist, dass es uns gefällt. Wenn du praktizierst, weil du der Überzeugung bist, dass irgendetwas an dir inakzeptabel ist, dann wird diese Überzeugung dein Üben färben und deine Bemühungen untergraben. Überleg mal, ob deine Motivation auch lauten könnte: »Was könnte es Besseres geben, als mein Mitgefühl zu stärken?« Und dann finde eine Methode, die dir Freude macht.

VIER ARTEN, ZU ÜBEN

Es gibt so viele verschiedene Arten, Achtsamkeit zu üben, dass es einen leicht überfordern kann zu entscheiden, welcher man den Vorzug geben soll. Ich schlüssle das jetzt mal in vier Hauptkategorien auf, damit es dir leichter fällt auszusuchen, was für dich am besten passen könnte. Ich würde dir empfehlen, mit verschiedenen Arten zu experimentieren, bis du in jeder Kategorie mindestens eine gefunden hast, die dich anspricht.

Retreats

Es gibt eine Menge Retreat-Zentren und Klöster überall auf der Welt, die eine große Bandbreite an Programmen anbieten. So ein intensives Eintauchen bietet vielleicht die beste Möglichkeit, deine Meditationspraxis zu vertiefen. Sie kann für jemanden, der gerade erst mit der Meditation anfängt, ein großartiger erster Schritt sein. Solange das Praktizieren noch nicht zur Gewohnheit geworden ist, kann 20 Minuten alleine sitzen noch schwer sein. Nach ein paar Tagen in einem Retreat dagegen wird meistens auch ein kompletter Anfänger Erfahrungen gemacht haben, die als Grundlage für die tägliche Praxis zu Hause dienen können.

Bei der Auswahl der Art von Retreats sind eine Menge Dinge zu berücksichtigen. Zum einen sind natürlich der Ort und die finanziellen Umstände wichtig. An der Nordostküste und der Westküste der USA gibt es mehr Zentren als anderswo im Land. Wer in anderen Gegenden lebt, wird vielleicht herumreisen, um sich den richtigen Ort auszusuchen. Außerdem sind die Kosten für Retreats sehr unterschiedlich. Sie variieren von den unentgeltlichen Vipassana-Retreats nach S. N. Goenka (nach dem Kurs wirst du um eine Spende gebeten) bis hin zu Spa-artigen Zentren, die bis zu 1000 Dollar pro Tag oder mehr in Rechnung stellen.

Außerdem musst du entscheiden, ob du in ein christliches, buddhistisches, einer anderen Tradition verpflichtetes oder weltliches Zentrum willst. Würdest du lieber in ein Zentrum gehen, das von Laien geführt wird oder von einem Orden? Möchtest du eine Solo-Retreat-Erfahrung, wo du den ganzen Tag allein in einer Kammer sitzt (viele Retreat-Zentren bieten diese Option an), oder würdest du lieber zusammen mit anderen an strukturierten Meditationszeiten teilnehmen? Möchtest du ein Schweige-Retreat (die oben genannten Retreats nach Goenka beinhalten zehn Tage komplettes Schweigen in der Gruppe), oder würdest du Schweigezeiten im Wechsel mit Austausch mit anderen vorziehen?

Falls es Lehrer gibt, die du bewunderst: Es gibt nichts Vergleichbares, als wenn du Seite an Seite mit ihnen praktizierst. Ich empfehle dir, dich mit Lehrern wie dem Dalai Lama, Pema Chödrön, Jack Kornfield, Tara Brach, Sharon Salzberg und Ajahn Amaro vertraut zu machen. Ein Retreat bei einem Meisterlehrer lohnt sich wirklich.

Ich persönlich mag die Retreats in Zentren der Plum-Village-Tradition, weil die Mönche und Nonnen, die sie leiten, das ganze Jahr über in ihrem jeweiligen Kloster verbringen und ihr ganzes Leben der Entwicklung von Achtsamkeit und Mitgefühl gewidmet haben. Sie haben ein Armuts- und Keuschheitsgelübde abgelegt, um der Praxis ihre ganze Energie widmen zu können. Bei diesen Retreats kann man vorübergehend in einer Gemeinschaft von

190   Kapitel 12

Menschen leben, die die Achtsamkeit in alle Aspekte ihres Lebens integriert haben.

Außerdem konzentrieren sich die Plum-Village-Retreats nicht allein auf die stille Meditation im Sitzen, sondern du wirst ermutigt, jeden Augenblick des Tages als Form der Meditation zu behandeln. Dazu gehören formale Übungen wie Sitzen und Chanten ebenso wie Gehen, Vorträge Anhören, Diskussionen in Kleingruppen und die Mahlzeiten. Mir hilft die praktische Anwendung der Achtsamkeit auf so viele verschiedene Arten von Aktivitäten, sie tiefer in den Alltag zu integrieren. Dazu ist allerdings ziemlich viel Selbstdisziplin nötig. Im Vergleich zu anderen Retreats musst du dich bei einer weniger formalen Struktur auf deinen eigenen Eifer verlassen können, wenn du jeden Augenblick als Meditation betrachten willst. Das ist ganz anders als die extrem strukturierten Retreats nach Goenka oder ein *Sesshin* in einem Soto-Zen-Zentrum, wo du womöglich täglich zehn Stunden in Stille auf dem Kissen sitzt.

In den USA und in der ganzen Welt gibt es jede Menge wunderbare Retreat-Zentren. Ich würde dir empfehlen, verschiedene Arten von Retreats auszuprobieren, bis du eines findest, das dir liegt, und dann möglichst jährlich zumindest ein paar Tage dort zu verbringen. Als ich dem Intersein-Orden beitrat, nahm ich mir vor, mindestens 60 Tage im Jahr im Retreat zu verbringen. Das entspricht einem ganzen Tag Praxis pro Woche und zwei Fünf-Tage-Retreats pro Jahr. Ich verbringe so oft wie möglich lange Zeiten mit dem Studium in Plum Village.

Üben von Augenblick zu Augenblick

Wir können lernen, auf eine Art und Weise zu sitzen, zu gehen und zu atmen, die Glück und Frieden in jedem Moment des Lebens zugänglich machen. Als Thich Nhat Hanh

1942 in Vietnam zum buddhistischen Mönch ordiniert wurde, bekam er ein kleines Buch mit Gedichten in die Hand gedrückt. Man sagte ihm, er solle sie alle auswendig lernen, um sie über den Tag rezitieren zu können. Es gab ein Gedicht zum Aufwachen, eines zum Anziehen seiner Robe, eines zum Gesichtwaschen und so fort. Das war seine Einführung ins buddhistische Mönchstraining. Die Gedichte dienten als Mahnung, Achtsamkeit und Mitgefühl in jedes Tun und jeden Augenblick des Lebens einfließen zu lassen. Er hat diese Gedichte in seinem Buch *Gegenwärtiger Moment, wundervoller Moment* für den heutigen Gebrauch adaptiert. Hier das Gedicht zum Aufwachen:

Ich wache heute auf und lächle.
24 neue Stunden liegen vor mir.
Ich gelobe, jeden Moment voll und ganz zu leben
und alle Wesen mit den Augen des Mitgefühls zu betrachten.

Stell dir vor, du begegnest jedem Moment im Leben auf diese Weise. Du wachst voller Dankbarkeit auf und freust dich an dem Wunder, am Leben zu sein. Du setzt dich im Bett auf und bist dir aller Empfindungen in deinem Körper zutiefst bewusst. Du genießt die Berührung der weichen Laken und der Bettdecke und nimmst wahr, wie angenehm warm deine Haut ist. Du hältst inne und atmest zehn oder zwölf Mal bewusst ein und aus, ganz ohne Eile und mit einem frohen Lächeln, weil du klare Luft zur Verfügung hast und deine Lungen funktionieren. Beim Duschen genießt du das fließende Wasser auf der Haut. Beim Frühstück lenkst du deine volle Aufmerksamkeit auf jeden Bissen und kostest Geschmack und Konsistenz deines Essens aus. Du fühlst dich von Dankbarkeit überwältigt, weil du genug zu essen hast. Jedes Tun und überhaupt jeder Augenblick im Leben werden zu einem Wunder.

Diese Übung kannst du auch anwenden, wenn dir das Leben gerade nicht so leichtfällt. Fährst du im dichten Verkehr zur Arbeit, kannst du dich an deinem Atem und der Körperentspannung freuen. Vielleicht verspürst du auch Dankbarkeit gegenüber den Lehrern und den Übungen, die dir helfen, in diesem Augenblick glücklich zu sein. Schaust du auf die Uhr und siehst, dass du schon zehn Minuten zu spät bist, denkst du dir vielleicht: »Ich mache, so schnell ich kann, und komme an, wann immer ich ankomme.« Du fühlst dich überhaupt nicht gehetzt. Tatsächlich könntest du dir sogar sagen: »Ich komme in jedem Augenblick an, und zwar genau da, wo ich gerade bin.« Bist du dann auf der Arbeit angekommen, fühlst du dich erfrischt und voller Freude.

Falls das ein bisschen weit hergeholt klingt, such dir wenigstens eine deiner Alltagsbeschäftigungen aus und führ diese eine achtsam aus. Es gibt viele unterschiedliche Arten, Gehmeditation zu praktizieren. Thich Nhat Hanh legt den Fokus meist darauf, dass du mit jedem Schritt im gegenwärtigen Augenblick ankommst. Statt zu gehen, um ein Ziel zu erreichen, gehst du, um das Gehen zu genießen.

Die Unterstützung einer Gemeinschaft

Beim alleine Üben verlässt du dich auf deine eigene Willenskraft, wenn es darum geht, dich nicht von negativen Gewohnheiten ablenken zu lassen. Eine Gruppe Gleichgesinnter dagegen kann eine Art kollektives Momentum schaffen, das dir hilft, in Harmonie mit deinen Werten zu leben. Setzt du dich hin und meditierst allein, kann das schnell langweilig werden, oder du lässt dich ablenken und stehst nach fünf Minuten auf. In einer Gruppe wird es dir leichter fallen, 20 Minuten oder auch länger zu sitzen.

Tägliche formale Praxis

Das ist die Zeit, die du dir jeden Morgen oder Abend nimmst, um explizit die Eigenschaften zu üben, die du entwickeln möchtest. Die formale Praxis kann Sitzmeditation, Gehmeditation, Gebet, Chanten, das Studieren spiritueller oder inspirierender Texte, Tai-Chi, Yoga und das Lauschen auf den Klang einer Glocke beinhalten. Studierst du Lehrtexte, dann lies langsam. Reflektiere, was du liest, und häuf nicht einfach nur Wissen an, sondern versuch, die Lehren auf dein Leben anzuwenden.

Experimentiere mit unterschiedlichen Arten von Praxis, um herauszufinden, welche für dich am besten funktioniert. Thich Nhat Hanh hat ein Buch mit täglichen Übungen veröffentlicht, das nur auf Englisch vorliegt, *Chanting from the Heart: Buddhist Ceremonies and Daily Practices*, und eine Menge unterschiedliche Übungen beschreibt. Es gibt so viele Meditationsvarianten, dass mit Sicherheit für jeden etwas dabei ist. Falls du noch nichts gefunden hast, was dir Freude macht, keine Sorge: Es gibt sicher auch etwas, das für dich passt.

EIN PLAN FÜR DIE PRAXIS

Meiner Erfahrung nach gibt es, je nach Typ, drei Möglichkeiten, sich der Meditation anzunähern. Im Folgenden will ich sie beschreiben und für jede einzelne ein paar Empfehlungen anbieten.

Der Vorsichtige

Falls du jemand bist, der Neues gerne langsam angeht, hier ein paar Optionen, die ich empfehlen würde.

194   Kapitel 12

Option 1. Verbring fünf Minuten pro Tag mit einer der in diesem Buch vorgeschlagenen Meditationen oder lies noch einmal nach und reflektiere das Gelesene. Die beste Zeit für kurze Meditationseinheiten ist meist morgens direkt nach dem Aufwachen oder abends kurz vor dem Schlafengehen. Verwende einen Kalender oder ein Tagebuch, damit du den Überblick behältst, wie oft du tatsächlich meditiert hast. Erhöhe dein Pensum nach einer Woche auf zehn Minuten. Erhöhe, sobald du durchgängig bei zehn Minuten angelangt bist, auf 20 Minuten pro Tag. Such dir, sobald du konstant bei 20 Minuten pro Tag angekommen bist, eine Meditationsgruppe oder ein kurzes Retreat[*].

Option 2. Lade dir eine Meditations-App auf dein Smartphone runter. Erhöhe deine Meditationszeit im Laufe eines Monats langsam und stetig. Schau dich, sobald du konstant bei 20 Minuten pro Tag angelangt bist, nach einer Meditationsgruppe oder einem kurzen Retreat um.

Der Gruppentyp

Wenn du meinst, dass es dir leichter fällt, mit der Unterstützung einer Gemeinschaft zu meditieren, dann nimm gleich an einer Meditationsgruppe oder einem kurzen Retreat teil[**]. Mach die Gemeinschaft zum Anker für deine Praxis. Und fange zwischen den Gruppenterminen langsam mit dem Sitzen zu Hause an.

Ich bin dafür geboren

Bei manchen Leuten ist es Liebe auf den ersten Blick, kaum dass sie die Übungen kennengelernt haben. Das war bei mir der Fall, sodass es für mich auch gleich darum ging, so tief

---

[*]   Für Empfehlungen s. www.timdesmond.net
[**] Für Empfehlungen s. www.timdesmond.net

wie möglich einzusteigen. Falls du es auch so empfindest, hier eine Idee, wie du vorgehen kannst.

- Mach 60 Tage Retreat pro Jahr, zum Beispiel mit langen Retreats oder indem du dir einen Tag pro Woche für die Meditation reservierst. Üb entweder zusammen mit einer Gruppe oder alleine zu Hause. Wichtig ist, dass du deiner Praxis den ganzen Tag widmest, vom Aufwachen bis zum Schlafengehen.
- Praktiziere täglich 20 Minuten Sitz- oder Gehmeditation am Morgen und 20 Minuten am Abend.
- Finde eine Meditationsgruppe, die dir gefällt, und werde aktives Mitglied.
- Achte den Tag über, so oft du kannst, auf deine Herzempfindungen. Bemerkst du eine Enge oder Schwere, unterbrich, was du gerade tust, und schick dir selbst Mitgefühl. Praktiziere das so lange, bis dir wieder leicht zumute ist.
- Halte mindestens einmal am Tag inne und frag dich, was dir in diesem Augenblick am meisten Freude bereiten würde. Hör dir ohne jede Bewertung die Antwort an, die auftaucht. Frag dich dann, ob es vielleicht irgendetwas gibt, das dir noch mehr Freude bereiten könnte als deine erste Antwort. Wiederhol diese Übung, bis du Klarheit hast, und mach dann, was immer dir am meisten Freude bereitet. Auf diese Weise übst du Großzügigkeit dir selbst gegenüber.

EINE ANLEITUNG ZUR SITZMEDITATION

Setz dich in eine bequeme Position, mit offenen oder geschlossenen Augen. Vielleicht willst du auf einem Stuhl oder auf einem Kissen auf dem Boden sitzen. Viele Menschen empfinden es für die Achtsamkeit als hilfreich, mit geradem Rücken dazusitzen.

1. Beginne damit, dass du deine Aufmerksamkeit auf deine Atemwahrnehmung lenkst. Versuch, den Körperempfindungen zu folgen, die dein Atem beim Ein- und Ausatmen vom Anfang bis zum Ende jedes Atemzugs auslöst. Nimm mehrere Atemzüge auf diese Weise, sodass dein Geist im gegenwärtigen Moment wieder in Kontakt mit deinem Körper tritt. Erlaube dir, deine Atemempfindung zu genießen, und erkenne, dass das ein angenehmes Gefühl sein kann.

2. Beginn, nachdem du dich eine Weile auf deinen Atem konzentriert hast, dir selbst im Hier und Jetzt Mitgefühl zu senden. Scanne Körper und Geist nach irgendeinem Unwohlsein durch und lenk dein Mitgefühl direkt auf seinen Ursprung. Schick dir selbst weiter Mitgefühl, vor allem deinem Leid, und zwar so lange, bis du keinerlei Unwohlsein mehr in Geist oder Körper vorfindest.

3. Genieß am Ende ein paar Minuten einfach nur diese tiefe Erfahrung des Wohlbefindens.

LEITFADEN FÜR HORROR UND CHAOS

Noch vor ein paar Jahren hätte ich dieses Buch nicht schreiben können. Als Annie und ich ins MorningSun Mindfulness Center zogen, waren meine Lebensumstände so positiv, dass mir alles leicht von der Hand ging. Ich konnte mehrere Stunden pro Tag meditieren und war von einer wunderbaren Gemeinschaft umgeben. Sogar nach Tagen mit 15 Stunden Organisationsarbeit bei Occupy Wall Street fühlte ich mich die meiste Zeit leicht und voller Freude. Das waren schöne Zeiten.

Jetzt, wo sich Annies Zustand immer weiter verschlechtert und unser Sohn bald fünf wird, geht es bei meiner Praxis weniger darum, übers Wasser zu gehen, als darum, nicht unterzugehen. Das Chaos und der Schmerz in meiner Familie haben mich gezwungen, meine Praxis zu vertiefen, und dafür bin ich dankbar. Ich weiß, dass ich nicht der Einzige bin, der vom Leid überwältigt zu werden droht – aufgrund persönlicher Tragödien ebenso wie aufgrund der Gewalt und Unterdrückung, die es auf der Welt gibt. Ich biete dir dieses Buch in der Hoffnung an, dass meine Erfahrung dir auf irgendeine Weise nützen kann.

Mögen wir in diesem Augenblick auch im heftigsten Sturm ganz und gar präsent bleiben. Mögen wir unsere volle Aufmerksamkeit auf das Hier und Jetzt lenken, auch dann, wenn es voller Ungewissheit und Schmerz ist. Mögen wir unserem verletzlichen Körper erlauben zu reagieren, wie er will, und nicht von ihm fordern, irgendwie anders zu sein, als er ist. Mögen wir den Körper und die Gefühle mit bedingungsloser Liebe und Akzeptanz anschauen und die Schönheit des Lebens in allen ihren Formen begrüßen.

Mögen wir alle glücklich sein. Mögen wir alle gesund sein. Mögen wir alle in Sicherheit sein. Mögen wir alle geliebt sein.

NACHWORT

Am 18. Dezember 2018 ist Annie gestorben. Die letzten Wochen vor ihrem Tod war sie von Freunden und Familie umgeben; sie hat sich mit einem strahlenden Lächeln verabschiedet.

Nach dieser Erfahrung hege ich eine unendliche Dankbarkeit gegenüber allen meinen Lehrern, die mich gelehrt haben, den ganzen Schmerz und Verlust im Mitgefühl zu halten. Dank ihnen kann ich sehen, dass Annie gar nicht wirklich weg ist. Sie lebt in dem fort, was sie der Welt hinterlassen hat, in all den Menschen, deren Leben sie verändert hat.

Wenn sie könnte, dann würde sie uns bitten, ihrer dadurch zu gedenken, dass wir furchtlos lieben und alles tun, was wir können, um Menschen zu unterstützen, die leiden. Und genau das habe ich vor.

DANK

Alles, was ich je gelernt habe, verdanke ich Thich Nhat Hanh, den Mönchen und Nonnen von Plum Village und anderen spirituellen Lehrern, denen ich in meinem Leben begegnen durfte. Für die Tiefe meiner Dankbarkeit gibt es keine Worte.

Dieses Buch war nur mit der Unterstützung der Menschen im MorningSun Mindfulness Center möglich, ebenso wie dank der Community von Aktivisten und Organisatoren, mit denen ich in der weiterhin lebendigen Bewegung für Frieden, Gerechtigkeit und ökologische Erneuerung zusammenarbeiten durfte und darf. Ohne euch wären meine Hoffnungen und mein Idealismus schon lange gestorben.

Dank euch, Stephanie Tade und Sydney Rogers, dass ihr an mich und dieses Projekt geglaubt habt.

Und das Wichtigste überhaupt: Dank sei allen Generationen vor uns und unseren liebsten Verstorbenen. Wir sind die Wellen, und ihr seid das Wasser.

ÜBER DEN AUTOR

Timothy Ambrose Desmond forscht und lehrt Arbeitspsychologie auf der Grundlage von Selbstmitgefühl an der Antioch University. Aktuell ist er Co-Leiter einer Arbeitsgruppe bei Google, die sich zum Ziel setzt, bezahlbare emotionale Hilfe für Menschen auf der ganzen Welt zugänglich zu machen. Nach einer schwierigen Kindheit lernte Desmond die Lehren von Thich Nhat Hanh kennen und studierte sie in Plum Village. Desmond war außerdem Mitorganisator von Occupy Wall Street.

Ommm für Einsteiger

Mit Meditation anfangen, und zwar heute. Sukey und Elizabeth Novogratz zeigen alltagstaugliche Strategien auf, wie du beginnst und vor allem dranbleibst. Seite für Seite und Bild für Bild wird klar: Meditation ändert dein Leben, macht dich kreativer, glücklicher, trägt dich durch Stressphasen oder gibt dir Halt in Krisen. Du musst dich nur hinsetzen, loslassen und loslegen.

ELIZABETH UND SUKEY NOVOGRATZ
hinsetzen, loslassen, glücklich sein
Die einfachste Anleitung zum Meditieren
ISBN 978-3-426-67561-8

Jeder will verstanden werden

Achtsamkeit, Liebe und Verständnis sind die Grundlage guter und glücklicher Beziehungen. Wenn wir reden und niemand hört uns zu, dann kommunizieren wir nicht auf wirksame Weise. Thich Nhat Hanh – der Zen-Meister und einer der größten spirituellen Lehrer der Gegenwart – stellt hier die Techniken achtsamer Kommunikation vor: Wie wir dem Gegenüber mit Mitgefühl begegnen, verständnisvoll zuhören, Missverständnisse vermeiden und lernen, Konflikte friedvoll zu lösen.

THICH NHAT HANH
achtsam sprechen – achtsam zuhören
Die Kunst der bewussten Kommunikation
ISBN 978-3-426-87683-1

KNAUR.LEBEN

Erfüllung in jeder Stunde des Tages

Aufwachen, Zähne putzen, essen, gehen, in die Arbeit fahren: In jedem Moment unseres Tages können wir achtsam sein, indem wir innehalten und uns auf unseren Atem konzentrieren. Da wir viel Zeit unseres Lebens mit Arbeit verbringen, ist es besonders wichtig, dass wir uns dabei gut fühlen. Der Umgang mit Kollegen und Vorgesetzten, das Verhalten in Sitzungen und Konferenzen, bei Entscheidungsprozessen und bei Routinearbeiten: Die Praxis der Achtsamkeit trägt viel zu einem stress- und spannungsfreien (Arbeits-)Alltag bei.

THICH NHAT HANH
achtsam arbeiten – achtsam leben
Der buddhistische Weg zu einem erfüllten Tag
ISBN 978-3-426-87663-3

KNAUR.LEBEN